# Störung als Beitrag zum Gruppengeschehen

# Aspekte Themenzentrierter Interaktion

Herausgegeben von

Karin Hahn, Marianne Schraut, Klaus-Volker Schütz
und Christel Wagner

Eike Rubner (Hg.)

# Störung als Beitrag zum Gruppengeschehen

## Zum Verständnis des Störungspostulats der TZI in Gruppen

Erstellt von
Jörg Hecker, Wendy Hecker, Angelika Rubner, Eike Rubner,
Charlotte Ruckdeschel, Janny Wolf-Hollander

Matthias-Grünewald-Verlag • Mainz

CIP-Titelaufnahme der Deutschen Bibliothek
Störung als Beitrag zum Gruppengeschehen: Zum Verständnis des
Störungspostulats der TZI in Gruppen / Eike Rubner (Hg.). Erstellt von
Jörg Hecker ... – Mainz: Matthias-Grünewald-Verl., 1992
(Aspekte themenzentrierter Interaktion)
ISBN 3-7867-1634-X
NE: Rubner, Eike [Hrsg.]; Hecker, Jörg


© 1992 Matthias-Grünewald-Verlag, Mainz
Datenkonvertierung und DTP: Studio für Fotosatz, Ingelheim
Umschlag: Wagner
Druck und Bindung: Druckhaus Darmstadt GmbH

# Inhalt

# Vorwort

Der folgende Artikel stellt das schriftliche Ergebnis der Erkenntnisse, Erfahrungen und Erlebnisse dar, die die Teilnehmer der Arbeitsgruppe, die sich um das Thema „Das Störungspostulat innerhalb der TZI" zentriert hatte, zu Papier gebracht haben. Als Initialzündung für das Zustandekommen dieser Gruppe wirkte die von A, B und C (drei Mitglieder unserer Arbeitsgruppe) beim gemeinsamen Leiten einer Gruppe erlebte Hilflosigkeit im konstruktiven Umgang mit Störungen, konkret mit einem immer wieder störenden Gruppenmitglied. Die an diese Gruppensituation anschließende Reflexion des Geschehens setzte eine rege Diskussion zwischen uns in bezug darauf in Gang, was eigentlich eine Störung im Sinne von TZI sei, wie das Postulat „Störungen haben Vorrang" zu verstehen sei, und ob – und wenn ja, welche möglichen – Fallen mit diesem Postulat verbunden sein könnten. Unser Interesse an dieser Thematik und am Austausch mit anderen dazu waren so groß, daß wir beschlossen, uns intensiver und – über den Rahmen des konkreten Anlasses hinausgehend – allgemeiner mit dem Störungspostulat zu befassen. Wir erweiterten unsere Reflexionsgruppe um drei weitere Mitglieder (X, Y, Z), mit denen wir gerne an dieser Thematik arbeiten wollten, und die ihrerseits auch aus theoretischem, praktischem und emotionalem Interesse zur Teilnahme an dieser Arbeitsgruppe motiviert waren.
Da sich unsere Gruppe um das Thema „Störung" zentriert hatte, haben wir unsere Prozesse danach auszuwerten versucht, was wir – im gemeinsamen Erleben von Störungen und dem Versuch, diese zu vermeiden bzw. zu verleugnen – in bezug auf deren Entstehung und im Umgang mit denselben gelernt haben. Wir haben das Thema also nicht nur theoretisch behandelt, sondern wir haben es in einem lebendigen, manchmal auch frustrierenden Prozeß durchlebt. Das Thema „Störung" hat sich – wie könnte es anders sein –

auch in unserer Gruppe ereignet. Das Ereignis war sowohl ein Hindernis – bezogen auf das abstrakt-theoretische Abhandeln der Störungsthematik – als auch eine wichtige Erkenntnisquelle. Durch das Störungsereignis verstanden wir besser, was in unserer Gruppe geschah, was wir zu umgehen suchten und wie wir miteinander umgingen. Die stetige Reflexion unseres Prozesses ermöglichte uns auch, von unserem ganz persönlichen und individuellen Erleben zu abstrahieren und zu allgemeinen Einsichten zu gelangen.

Das Resultat dieser individuellen und gemeinsamen Prozesse ist in der folgenden Arbeit festgehalten.

# I. Zur Geschichte des Störungspostulats

Dem theoretischen Werk über TZI, „Von der Psychoanalyse zur themenzentrierten Interaktion" (1976), hat Ruth Cohn drei Axiome zugrundegelegt, die das wachstumorientierte, humanistische Wertsystem der TZI darstellen:

> „1. Der Mensch ist eine psycho-biologische Einheit. Er ist auch Teil des Universums. Er ist darum autonom und interdependent. Autonomie (Eigenständigkeit) wächst mit dem Bewußtsein der Interdependenz (Allverbundenheit)...
> 2. Ehrfurcht gebührt allem Lebendigen und seinem Wachstum. Respekt vor dem Wachstum bedingt bewertende Entscheidungen. Das Humane ist wertvoll; Inhumanes ist wertbedrohend.
> 3. Freie Entscheidung geschieht innerhalb bedingter innerer und äußerer Grenzen. Erweiterung dieser Grenzen ist möglich.... Bewußtsein unserer universellen Interdependenz ist die Grundlage humaner Verantwortung" (Cohn 1976, S. 120).

Diese Annahmen enthalten eine für die humanistische Psychologie typische Mischung von phänomenologischen Beobachtungen und daraus folgenden Schlüssen. Diese müssen als Ziele eines menschlichen Reifungsprozesses angesehen werden, nicht als Voraussetzung für eine TZI-Gruppe. Folglich muß man diese Axiome als die Beschreibung eines für die meisten von uns erstrebenswerten, noch nicht erreichten Zustandes ansehen. Über das dritte Axiom schreibt R. Cohn beispielsweise: „Unser Maß an Freiheit ist, wenn wir gesund, intelligent, materiell gesichert und geistig gereift sind, größer, als wenn wir krank, beschränkt oder arm sind und unter Gewalt und mangelnder Reife leiden" (Cohn 1976, S. 120). Diese „Reife" setzt einen langen Entwicklungsprozeß voraus. Viele gehen gerade in Gruppen, um zu reifen, nachzureifen, weil sie meinen, es fehle etwas in ihrem Leben. Das heißt, sie benutzen die Gruppen, um humaner zu werden. Was passiert aber, wenn die TZI-Axiome als phänomenologische Beschreibung eines „Ist"-Zustands angesehen und unkritisch hingenommen werden? Wenn die darin vorhandenen Ansprüche und das dahinterliegende humanistische Wertsystem nicht reflektiert werden?

Um dieser Frage nachgehen zu können, wenden wir uns zunächst der humanistischen Psychologie zu, die die Grundlage für R. Cohn's Denken bildet.

1962 wurde in Amerika die „Association of Humanistic Psychology" gegründet, die folgendes Programm aufstellte:

„1. Erleben: Im Zentrum der Aufmerksamkeit steht das Erleben, nicht das Theoretisieren und die Objektivierbarkeit.
2. Non-Reduktionismus: In den wichtigsten Eigenschaften unterscheidet sich der Mensch von allen anderen Arten. Dazu gehören Kreativität, Wertsetzung und Selbstverwirklichung.
3. Sinnhaftigkeit: Für eine relevante psychologische Forschung darf die Auswahl von Forschungsgegenstand und -methode nicht nach Objektivität um jeden Preis erfolgen, sondern danach, ob die Ergebnisse für die menschliche Existenz sinnvoll sind.
4. Würde: Das Ziel der humanistischen Psychologie ist es, die positiven Kräfte des Menschen herauszuarbeiten, nämlich die, die die Würde des Menschen verdeutlichen" (Revensdorf 1983, S. 10).

In diesem Programm wenden sich die Humanisten als „Dritte Kraft" gegen die Psychoanalyse, die nach ihrer Einschätzung von einer pessimistischen Sicht der menschlichen Natur ausgeht, und gegen die Verhaltenstherapie, die von ihnen als moralistisch indifferent angesehen wird. Sie berufen sich zum einen auf die Existenzphilosophie, die „die menschliche Grundbefindlichkeit durch seine Entscheidungsfreiheit definiert. Durch den Verlust animalischer Instinkte ist dem Menschen die unreflektierte Triebbestimmtheit genommen und die Freiheit der Entscheidung gegeben" (Revensdorf 1983, S. 11). Die humanistischen Psychologen stützen sich dabei auf Denker wie L. Klages und E. Fromm. Die Grundlage des menschlichen Daseins ist die Existenz und nicht die Essenz. Demzufolge ist die Basis der Existenz das Erleben. Zum anderen sind Philosophen wie Sartre richtungsweisend für ihre Arbeit. Sie postulieren, daß der Mensch die Freiheit und auch die Fähigkeit hat, sich für das Gute zu entscheiden. Als drittes stützt sich das humanistische Denken auf die Gestaltpsychologie, die sich seit Beginn des 20. Jahrhunderts im Bereich der Wahrnehmungsforschung betätigt hat. Von ihr hat die humanistische Psychologie den ganzheitlichen Ansatz übernommen. Maßgeblich für die ganze humanistische Psychologie ist die Überzeugung, daß der Mensch entwicklungsfähig ist.

In einem psychologischen Ansatz, der auf der Ebene der Wahrnehmung, des Erlebens, der Beobachtung bleibt, ist der Grad der Abstraktion in der Theorie anders als in einem experimentellen oder psychoanalytischen Ansatz. Vieles in der TZI-Theorie kann von daher als Beschreibung menschlichen Erlebens und Verhaltens verstanden werden und nicht als im erklärenden Sinne wissenschaftliche Theorie. So auch bei R. Cohn, deren Axiome durch phänomenologische Beschreibung gekennzeichnet sind. In diesem Sinne ist z.B. folgender Satz von R. Cohn zu verstehen: „Bewußtsein unserer universellen Interdependenz (ist) die Grundlage humaner Verantwortung" (Cohn 1976, S. 120).

Aus dieser geistigen Haltung heraus sind die Axiome der TZI und die daraus resultierenden Postulate entstanden. Cohn nennt ihre Postulate „Forderungen auf der Basis des Paradox' der Freiheit in Bedingtheit" (Cohn 1976, S. 120). Die Postulate heißen:

„1. Sei Dein eigener Chairman, der Chairman Deiner Selbst...
2. Störungen haben Vorrang" (Cohn 1976, S. 121, 122).

In dieser Arbeit widmen wir uns dem Postulat „Störungen haben Vorrang". R. Cohn erklärt dieses Postulat mit den Worten:

„Das Postulat, daß Störungen und leidenschaftliche Gefühle den Vorrang haben, bedeutet, daß wir die Wirklichkeit des Menschen erkennen; und diese enthält die Tatsache, daß unsere lebendigen gefühlsbewegten Körper und Seelen Träger unserer Gedanken und Handlungen sind. Wenn die Träger wanken, sind unsere Handlungen und Gedanken so unsicher wie ihre Grundlagen" (Cohn 1976, S. 122).

Also, wenn wir verstört sind, können wir weder sicher denken noch handeln. An anderer Stelle differenziert R. Cohn zwischen Dauerstörungen, die Zeichen von neurotischem Verhalten sind und in einer psychotherapeutischen Beratung geklärt werden sollten, und momentanen Zuständen, die durch verschiedene Interventionen dahingehend behoben werden können, daß der Gestörte am Gruppenprozeß wieder teilnehmen kann. Daß es sehr vielfältige Möglichkeiten des Gestörtseins gibt, werden wir in unserer Arbeit erörtern.

R. Cohn stellt ferner fest, und hier wird wieder der humanistische Ansatz deutlich:

„daß ... Postulate Klarstellungen existentieller Phänomene sind und nicht auswechselbare Spielregeln. Die Postulate sprechen in ihrer Forderung aus, die Realität und nicht Dogmen als Autorität anzuerkennen" (Cohn 1976, S. 123).

Das Postulat „Störungen haben Vorrang" beschreibt also nach R. Cohn einen real vorhandenen Zustand. Wenn ein Teilnehmer in einer Gruppe innerlich aus dem Gruppenprozeß aussteigt, nicht mehr folgen kann, mit Ereignissen aus seinem persönlichen Umfeld beschäftigt ist u.a.m., ist der Prozeß de facto behindert. R. Cohn hat die Wechselwirkung von Autonomie und Interdependenz des Individuums in der Gruppe deutlich gemacht und den Bezug zwischen Interaktion und Aufgabe gesehen. Sie entwickelte ein pädagogisches Modell, das eine angstfreie Atmosphäre als Voraussetzung für optimales Lernen sieht. Maßgeblich für diese

Atmosphäre ist die Möglichkeit, das, was dem Lernen im Wege steht (Störungen), auszuräumen. Das Störungspostulat erteilte also die „Genehmigung", individuelle Prozesse in nicht-therapeutischen Gruppen zu berücksichtigen.

Das Störungspostulat hat in den letzten Jahren mehrfach Beachtung gefunden. Wir möchten auf zwei von diesen Arbeiten im folgenden aufmerksam machen.

A. Mahr hat 1979 zu diesem Thema das Buch „Die Störungspriori-tätsregel in TZI-Gruppen: Psychoanalytische und empirische Studien" veröffentlicht. Er behandelt in seinem Werk die Frage, „wie weit die Verbalisierung und begrenzte Bearbeitung von Störungen für den einzelnen eine intensivere Teilnahme an der themen- oder aufgabenzentrierten Arbeit ermöglicht" (Mahr, S. 2). Er benennt das Störungspostulat „Störungs-Prioritäts-Regel (SPR)" und setzt es dem psychoanalytischen Konzept vom Widerstand gleich. Er sieht den Unterschied, die Zielsetzung in der Aufgabenorientierung der TZI-Arbeit und der Individuum-Zentrierung der Psychoanalyse. In seiner Zusammenfassung geht er auf „die Mängel begrifflicher und definitorischer Unklarheiten ein – etwa bei den Begriffen der ‚humanistischen Psychologie' und des ‚living learning' – sowie auf die noch fast vollständig fehlende empirische Untermauerung von Konzepten wie die des „Leiterverhaltens in der TZI" (Mahr 1979, S. 211). Er versucht, TZI auf dem Hintergrund der Psychoanalyse und der empirischen Forschung darzustellen und vermeidet, wie wir meinen, die Auseinandersetzung mit der TZI als Methode, die ihre Wurzel in der humanistischen Psychologie hat.

H. Raguse weist in seinem 1984 erschienenen Artikel „Was ist TZI?" auf die Gefahr hin, das Störungspostulat als „ritualisierte Formel" verkommen zu lassen, das hin und wieder in das Gruppengeschehen eingestreut wird. Es wird dabei übersehen, meint Raguse, daß *jede* Äußerung, egal in welcher Form, ein Beitrag zur Gruppe ist und der Begriff „Störung" von daher nicht angebracht ist. Er schlägt vor, ganz auf dieses Postulat zu verzichten und an dessen Stelle folgende Überlegungen zu setzen:

„Alles, was die Themen und unsere Situation in uns auslösen, ist wichtig und steht damit in einem Zusammenhang" (Raguse 1984, S. 75).

Wir werden uns in den folgenden Ausführungen mit dem Störungspostulat auseinandersetzen. Wir halten eine Arbeit zu diesem Thema aus verschiedenen Gründen für sinnvoll. Wie wir oben gesehen haben, vermengen sich bei R. Cohn phänomenologische Beschreibungen mit Zielvorstellungen über den menschlichen Reifungsprozeß. Obwohl R. Cohn immer wieder auf die Komplexität dieses Postulats hingewiesen hat, wird es gerade wegen der scheinbaren Einfachheit immer wieder mißverstanden.

Wir fragen uns u.a., ob die Einordnung der verschiedenen Störungen unter einem einzigen Oberbegriff nicht die Gefahr in sich birgt, Mißverständnisse zu fördern. In TZI-Gruppen wird „Ich habe eine Störung" oft genug als Mittel benutzt, sich Gehör zu verschaffen, den Prozeß zu blockieren und narzißtische Bedürfnisse zu agieren. Die Bedürfnisse, Sehnsüchte und Wünsche des einzelnen „Ich" stellen eine Gefahr für die Anliegen des „Wir", des Themas, des Globes dar. Ferner führt die humanistische Betonung des Erlebens vor dem Denken dazu, daß Emotionalität in Gruppen vorrangigen Stellenwert bekommt und zum Mißbrauch des Störungspostulats führen kann.

Wir hoffen, durch unseren Beitrag der Auseinandersetzung zu diesem Thema neue Impulse, konkrete Hinweise auf die Vielfältigkeit und die weitreichenden Konsequenzen des Postulats für die Arbeit mit Gruppen zu geben.

Unsere Arbeit gliedert sich in: Phänomene und Bedeutung des Störungspostulats, Ursachen, Umgang mit Störungen und unsere Schlußbemerkungen zu diesem Thema.

# II. Phänomene und Bedeutung der „Störung" in einer TZI-Gruppe

„Ich habe eine Störung!"
Mit dieser Zauberformel vermag jedes Mitglied einer TZI-Gruppe, die Aufmerksamkeit aller auf sich zu ziehen und modifizierend auf den Gruppenprozeß einzuwirken. Die im Augenblick des Auftretens bzw. Aussprechens von Störungen möglichen Modifikationen des gerade ablaufenden Gruppengeschehens liegen:

1. im Anhalten des momentanen Prozesses
2. im Zentrieren der Interaktionen auf das gestörte Individuum
3. im Unter- bzw. Abbrechen der Auseinandersetzung mit einem vorgegebenen Thema bzw. Lehr- und Lernziel
4. in der Aufhebung des die Gruppe (scheinbar) konstituierenden Gemeinsamen
5. in der Veränderung des vom Leiter und u.U. auch von den übrigen Gruppenmitgliedern intendierten Geschehens (wobei es unerheblich ist, ob die Intention auf der introspektiven, interaktionellen, sachlich-fachlichen oder strukturellen Ebene liegt).

Da sich eine Störung immer im Kontext eines bestimmten Gruppenprozesses, einer wie auch immer gearteten Kommunikation mit dem Leiter oder mit anderen Gruppenmitgliedern und/oder einer Auseinandersetzung mit einem bestimmten Thema oder einer gesetzten Struktur ereignet, ist sie *nie nur* der Ausdruck des individuellen Problems des einzelnen gestörten und damit u.U. auch störenden Individuums.
In bezug auf das gestörte Individuum mag sie den Phänomenen der Störung in der Gruppe entsprechend ein Indikator dafür sein, daß dieses

- dem momentanen Gruppenprozeß nicht folgen kann oder will
- sich nicht (mehr) genügend berücksichtigt und aufgehoben fühlt in dem, was momentan geschieht
- sich emotionell, strukturell oder thematisch nicht mehr mit den vom Leiter und der Gruppe gesetzten Zielen – zumindest im Augenblick – identifizieren kann.

Was auch immer die individuellen Hintergründe für die jeweilige Störung sein mögen – im Moment ihres Auftretens bedingt sie einen sozialen Zustand, der dadurch gekennzeichnet ist, daß Barrieren in bezug auf die vorliegende Aufgabe wahrgenommen bzw. daß Alternativen zur Erreichung des individuellen und kollektiven Ziels (des Gleichgewichts zwischen Ich–Wir–Es–Globe) erlebt werden. In diesem Sinne definiert Ruth Cohn eine Störung:

„Was immer sich in den Weg des Plans, der Absicht, der Aufgabe, des Themas einer Person oder einer interaktionellen Gruppe stellt, nannte ich ‚Störung'" (R. Cohn, Euro-Info, 1984, S. 13).

Diese Kollision zwischen den Bedürfnissen des einzelnen bzw. der Gruppe mit dem Lehr- und Lernziel erzeugt emotionale, rationale und/oder soziale Spannungen, die die Empfindungs- und Handlungsfähigkeit des Subjekts und damit auch die der Gruppe (denn das Subjekt ist Teil der Gruppe) beeinträchtigen oder auch schärfen. Werden diese Spannungen nicht gelöst, dann kommt es zur Stagnation der individuellen und sozialen Entwicklung bzw. dann wird die Störung zur Krise.

Aus dem Gesagten könnte der Schluß gezogen werden, daß Störungen etwas sind, was möglichst zu vermeiden ist, und – wenn dies schon nicht möglich ist – dann wenigstens möglichst schnell behoben werden muß. Ein solches Vorgehen würde die Tatsache außer acht lassen, daß zwischen der Lernaufgabe, dem Globe, der Situation in der Gruppe und dem Inhalt und der Form der Störung eine Korrelation besteht.

In der Störung wird das, was im vorausgegangenen Prozeß zu

wenig beachtet wurde, so daß die Balance zwischen Ich, Wir und Es nicht mehr besteht, agiert, bzw. die Störung ist ein Hinweis auf dieses. Entsprechend darf eine Störung nicht als Ablenkung vom „Eigentlichen" gesehen, sondern sie muß als *Beitrag* zu diesem „Eigentlichen" gesehen und behandelt werden.

Als ein Beitrag:

1. zum Thema (zu bisher vernachlässigten oder abgewehrten Aspekten)

2. zum Gruppenprozeß (i.S. eines Indikators des bisher noch nicht Möglichen, des jetzt Anstehenden oder des Übersprungenen)

3. zur anstehenden und u.U. bisher vermiedenen Auseinandersetzung mit dem Gruppenleiter

4. zur Gruppennorm (die sich je nach der Phase, in der sich der Gruppenprozeß gerade befindet, wandeln kann). Die verbalisierte Störung kann die bisher latente Gegennorm zu der vom Leiter und dessen „Gefolgsleuten" vertretenen manifesten Norm ausdrücken.

5. zur Diagnose des (gestörten) Individuums und seiner augenblicklichen Beziehungen zu anderen Gruppenmitgliedern und zum Leiter (z.B. bei welchen Themen oder bei welchen Personen fühlt sich diese Person immer wieder gestört?)

6. zur Wahrnehmung der Realität des Globe.

# III. Ursachen von Störungen

Solange im Ich die Wünsche und Strebungen eine Hauptrichtung verfolgen und sich zueinander ausgewogen verhalten, so daß die Erfüllung der Wünsche immer wieder zur Herstellung eines entspannten Gleichgewichts führt, ist das Ich ausbalanciert, d.h. die Chairman-Regel: „Ich bin mein eigener Leiter" optimal verwirklicht. Sobald jedoch ein Konflikt innerlich, intrapsychisch zwischen den verschiedenen Instanzen bzw. äußerlich, zwischen dem Ich des einzelnen Teilnehmers und einem anderen, der Gruppe, dem Leiter (interpsychisch), dem Thema oder dem „Globe" auftaucht, ist dieses Gleichgewicht gefährdet, ist der Gruppenprozeß aus der Balance. Dies äußert sich als Störung, die nach Wiederherstellung des Gleichgewichts ruft, d.h. nach Lösung des zugrundeliegenden Konfliktes.

Wie eine Störung von der Gruppe aufgenommen, bearbeitet bzw. übergangen wird, hängt von der Position ab, die der Störungsanmelder in der Gruppe innehat. Meldet der (offizielle oder inoffizielle) *Leiter* („Alpha" = „Beliebter") eine Störung an, so ist dies eine Aufforderung an die Gruppe, die damit gelieferten Inhalte als (neue oder modifizierte) Normen zu betrachten.

Die kritischen Äußerungen des *Fachmannes* („Beta" = „Tüchtiger") werden sowohl vom Leiter (Alpha) als auch vom Gros der Gruppe (Gammas) zwar als kritisch ergänzender, aber konstruktiver Beitrag zum Thema und Gruppenprozeß gesehen und gewertet.

Wird von einem *Mitglied* („Gamma" = „Mitläufer") eine Störung verbalisiert, dann wird sie wohl hauptsächlich als individuelle verstanden oder nur dann als Äußerung der Gruppe(nsituation) gehört, wenn sie vom Leiter und von den anderen Mitgliedern (Gammas) innerlich akzeptiert und geteilt wird.

Die Störungsmeldung eines *Außenseiters* („Omega" = „schwarzes Schaf", „Sündenbock") wird meist als Angriff auf die Gruppennorm, den Leiter oder das Gruppenganze – in seiner Zielsetzung und seinem Zusammenhalt – gesehen und deshalb als unliebsame Störung bekämpft.

Die vielfältigen Ursachen einer Störung lassen sich ihrem Entstehungsort nach einteilen. Sie können ausgehen vom Ich, von der Gruppe, vom Leiter, vom Thema und vom Umfeld („globe").

## 1. Individuelle Ursachen

Die oben angegebene Definition: „Eine Störung ist Teil des Prozesses!" muß hier für die individuellen Ursachen präzisiert werden: Eine Störung ist Teil des gestörten und deshalb fixierten Entwicklungsprozesses der Persönlichkeit, die im Hier-und-Jetzt der Gruppensituation aktualisiert wird.

Die Aufgaben und Anforderungen aus der Gruppe treffen auf das Individuum, das durch seine Bedürfnisse, Erwartungen, Wünsche und Ängste in einer bestimmten Weise gestimmt ist, so daß es entweder diesen entsprechen kann oder sich davon frustriert oder enttäuscht fühlt. Diese Frustrationen können verschiedene Reaktionen wie Scham, Aggression, Angst, Zweifel, Hoffnung etc. auslösen, die das Individuum als Störung seines inneren Gleichgewichtes erlebt und in der Gruppe anmeldet.

Die Ursachen der individuellen Störung liegen – lebensgeschichtlich gesehen – in den gestörten frühkindlichen Entwicklungsprozessen, der neurotischen Konfliktverarbeitung und der Fixierung darin. Deshalb wird jedes Individuum in neuen, verunsichernden und ängstigenden Situationen verstärkt auf Verhaltensweisen zurückgreifen und sie anwenden, die innerhalb seiner Lebensgeschichte als Lösungen und Abwehr von Konfliktsituationen entwickelt und eingesetzt wurden. Diese gewonnenen Konfliktverarbeitungsmuster werden unbewußt wiederholt und geben je nach dem ursprünglichen Konflikt und seiner Einbettung in einer bestimmten Entwicklungsphase und der entsprechenden Fixierung der Persönlichkeit in ihr spezifische Verhaltensmuster ab.

## a) Narzißtische Konfliktverarbeitung

Narzißtische Störungen entstehen in der Mitte des ersten Lebensjahres. In dieser Phase benötigt das Kind zweierlei: Zum einen bedarf es der emotionalen Aufmerksamkeit und Zuwendung, der Empathie und spiegelnder Bestätigung seiner Grandiosität durch die Mutter, und zum anderen die Möglichkeit, die Eltern idealisieren zu können. Sind diese Voraussetzungen nicht gegeben, können narzißtische Störungen entstehen, die sich in einem Schwanken zwischen übersteigerter Aufwertung des Selbst bzw. der Elternfiguren (Allmachts-, Größenphantasien und Idealisierungen) einerseits und destruktiver Entwertung des Selbst (Minderwertigkeitsgefühle) bzw. der Elternfiguren andererseits manifestieren.

Der narzißtische Grundkonflikt besteht also in der Ambivalenz zwischen grandioser Aufwertung des Selbst bei gleichzeitiger Abwertung der (Liebes-)Objekte und Entwertung des Selbst bei gleichzeitiger Idealisierung der Objekte, die Bewunderung und Bestätigung geben sollen.

Die daraus resultierenden Schwierigkeiten treten in Erscheinung als gefühlsmäßige Kälte, Gleichgültigkeit, oberflächliche und flüchtige Gefühlswelt und emotionale Distanz zu anderen Menschen, von denen zwar narzißtische Zufuhr intensiv ersehnt und zugleich unempathische Zurückweisung befürchtet wird, weshalb sie prophylaktisch entwertet werden. Das Erscheinungsbild ist weiterhin geprägt durch schwere Selbstwertprobleme, intensive Gefühle der Leere, Hohlheit, Sinnlosigkeit und starken Schamgefühlen, Schüchternheit, leichter Kränkbarkeit und durch Arbeitsstörungen. Hinter arroganten und selbstgefällig wirkenden Haltungen stehen tiefgehende Minderwertigkeitsgefühle, Gefühle der Verlassenheit, des Alleinseins und des Zurückgewiesenseins. Aus der Unsicherheit in der Erfahrung des eigenen Körper-Selbst und der eigenen Gefühle entsteht eine hohe Angewiesenheit auf Bewunderung, Bestätigung und Liebe, ohne daß die Fähigkeit gegeben ist, die erhaltene Zuwendung wahrzunehmen und auf sie mit tieferen Gefühlen der Dankbarkeit, Anteilnahme und Liebe reagieren zu können. Aus den erlebten frühkindlichen Frustrationen erwächst Mißtrauen und

Verachtung gegenüber anderen Menschen, und aus den unerfüllten Sehnsüchten Neid und Wut.

Die Stärken der „gesunden" narzißtischen Persönlichkeit liegen in einem ausgeprägten Selbstbewußtsein, in einer hohen – oft intellektuellen – Leistungsfähigkeit, in Unabhängigkeit und in dem Mut, in Machtpositionen soziale Verantwortung zu übernehmen. Narzißten sind oft die Erfolgsmenschen unserer Zeit.

*b) Schizoide Konfliktverarbeitung*

Die Entstehung der schizoiden Konfliktverarbeitung liegt in der ersten Hälfte des ersten Lebensjahres, in der symbiotischen Phase. Die wichtigste Bezugsperson im ersten Lebensjahr (meist die Mutter) kann die Bedürfnisse des Säuglings nach Nähe und Wärme nicht ausreichend befriedigen (gestörte Symbiose), weshalb beim Säugling Gefühle des Allein- und Zurückgewiesenseins und des Mißtrauens entstehen.

Deshalb besteht sein Grundkonflikt in der Ambivalenz zwischen Nähe und Distanz, zwischen Vertrauen und Mißtrauen. Nähe wird zwar zutiefst ersehnt, aber aus Angst vor dem drohenden Verlust der Selbständigkeit mißtrauisch abgelehnt.

Die daraus resultierenden Schwierigkeiten erscheinen im Kontakt als Angst vor Nähe, vor Hingabe und vor Gefühlen, als Bedürfnis nach persönlicher Unabhängigkeit und Distanz. Entsprechend werden enge Bindungen vermieden. Der Mensch wirkt gefühlskalt, mißtrauisch, kontaktgehemmt, er erscheint als Einzelgänger und Nonkonformist.

Die Stärken der schizoiden Persönlichkeitsstruktur liegen dagegen in einer unbestechlichen Sachlichkeit, im kritischen Blick für Tatsachen, in einer scharfen Beobachtungsgabe.

*c) Depressive Konfliktverarbeitung*

Die depressive Fixierung entsteht in der zweiten Hälfte des ersten Lebensjahres, wenn die Hauptbeziehungsperson als vom Kleinkind getrenntes Objekt erlebt wird, es selbst Verselbständigungswünsche hat, jedoch von seiten der Bezugsperson entweder zuwenig Beziehung (Angst vor Verlust – der Liebe – der Bezugsperson) und/oder zuviel Beziehung (Angst vor dem Verschlungenwerden von der Bezugsperson) dem Kleinkind entgegengebracht wird. In beiden Fällen löst die Abhängigkeit von der Bezugsperson Angst aus, sie zu verlieren. Das Gefühl des Kleinkindes, die Liebe der Bezugsperson nicht um seiner selbst willen zu bekommen, legt den Ausweg nahe, sie über Leistung zu „verdienen".

Der Grundkonflikt besteht in einer großen inneren Erwartung von Verwöhnung (Schlaraffenlandphantasien) bei gleichzeitigem Leistungsstreben (Selbstüberforderung) und dem Unvermögen, etwas für sich selbst zu fordern (Enttäuschungsprophylaxe).

Die Schwierigkeiten der depressiven Persönlichkeit zeigen sich in einem aufopfernden, selbstlosen, überfürsorglichen, distanzlosen, gefügigen, gehemmten, depressiv abhängigmachenden, anklammernden Verhalten, das von starken Verlustängsten und mangelndem Selbstwertgefühl begleitet ist.

Die Stärken der depressiven Persönlichkeit liegen in ihrer Warmherzigkeit und Kontaktfähigkeit, in ihrem Einfühlungsvermögen und in ihrer Geduld.

### d) Zwanghafte Konfliktverarbeitung

Die Blockade entwickelt sich im zweiten und dritten Lebensjahr. Die Neugierde und der Wille des Kindes sind auf Erfahrung und Bewältigung der Welt und der eigenen Möglichkeiten gerichtet. Diese Tendenzen werden seitens der Eltern durch Strenge und Strafen beschnitten, weshalb das Kind sich übermäßig anpaßt und kontrolliert, um Liebesverlust zu vermeiden.

Der Grundkonflikt besteht zwischen dem Autonomiestreben (Expansion, eigener Wille, Lebendigkeit) und dem Sicherheitsstreben (Bedürfnis nach Gesetzmäßigkeit und Ordnung).

Die Schwierigkeiten der zwanghaften Persönlichkeit sind sein Verhaftetsein in Tradition, Vorurteilen und Vorsicht, seine Ängste vor Risiko und allem Neuen, seine starren Grundsätze, Prinzipienreitereien und seine Intoleranz, sein pedantisches und skrupelhaftes

Verhalten. Die Stärken sind Verläßlichkeit, Pflichtgefühl, Ausdauer, Fleiß, Ordnungsliebe, Sparsamkeit, Gewissenhaftigkeit, Verantwortungsgefühl und Beständigkeit.

*e) Hysterische Konfliktverarbeitung*

Die Blockade entsteht im vierten bis sechsten Lebensjahr, wenn dem Kind nicht die Auflösung der Mutter-Kind-Dyade zur Triade Mutter-Vater-Kind gelingt, weil es entweder die libidinösen Wünsche nicht oder zu stark auf das gegengeschlechtliche Elternteil richtet oder die aggressiven Impulse gegen den gleichgeschlechtlichen Elternteil nicht phantasieren kann oder darf, weil dieser ihm zu bedrohlich oder nicht anwesend ist. Damit wird nicht der allmähliche Verzicht auf beide Impulse ermöglicht (Fixierung), der eine Identifikation mit dem gleichgeschlechtlichen Elternteil und die Erweiterung der Dyade zur Triade (gelöster Ödipuskonflikt) zur Folge hätte.

Der Grundkonflikt besteht zwischen dem Wunsch nach größerer Selbständigkeit (Triade) und der Angst vor Liebesverlust und dem Verlust des narzißtisch geliebten Selbstobjektes (Kastrationsängste), d.h. zwischen der Angst vor Festlegung (in der Dyade) und dem Wunsch nach Halt.

Die Schwierigkeiten erscheinen im Streben nach Freiheit bis hin zur Willkür, in gefühlsmäßig extremen Schwankungen, in Abenteuer- und Erlebnishunger, in Schwankung zwischen naiver Selbstüberschätzung und Minderwertigkeitsgefühlen.

Die Stärken sind Flexibilität, Aufgeschlossenheit für alle Fragen und Probleme, Bereitschaft zu Neuem und Risiko, Lebendigkeit, Optimismus, Leichtigkeit, Anpassungs- und Wandlungsfähigkeit.

## 2. Gruppenspezifische Ursachen

Gruppenspezifische Störungen werden aktuell als Konflikt zwischen einzelnen Teilnehmern, zwischen einem oder mehreren Teilnehmern und dem Leiter, zwischen einem Teilnehmer und der

Gesamtgruppe, zwischen Untergruppen wahrgenommen. Die Ursachen dieser gruppenspezifischen Störungen sind von den Entwicklungsphasen der Gruppe, d.h. vom Gruppenprozeß abhängig. In den jeweiligen Gruppenphasen bestehen (vgl. individuelle Ursachen) Grundkonflikte zwischen verschiedenen Bestrebungen, gegensätzlichen Wünschen und Bedürfnissen in und zwischen den Teilnehmern. Diese Grundkonflikte werden von den verschiedenen Teilnehmern einer Gruppe und von verschiedenen Gruppen unterschiedlich „gelöst".

Diese Lösungen schlagen sich in einer für diese Phase vorherrschenden Gruppennorm nieder, die den unbewußten (vorbewußten) Konsens zwischen der Mehrheit der Teilnehmer und so die Basis für ihre Kommunikation bildet. Die Teilnehmer, die diese Gruppennorm nicht teilen, die der Gruppennorm widersprechen, also eine andere Lösung des Gruppenkonfliktes und andere Normen vorziehen, werden den Gruppenprozeß stören bzw. sich von der Gruppe gestört fühlen.

Gruppenspezifische Störungen werden meist von einzelnen Teilnehmern angemeldet. Damit wird dieser zum Sprecher, zum Protagonisten oder Antagonisten der Gruppe. Zugleich ist er auch Sprecher seiner – durch die Gruppensituation gestörten – Psyche. Er wird meist zum Sprecher einer gruppenspezifischen Störung, weil diese mit seiner individuellen Störung korrespondiert. Deshalb kann der Sprecher eine gruppenspezifische Störung auch als Ausdruck seiner individuellen Hemmung einbringen. Durch die Beachtung bzw. Bearbeitung können er und die Gruppe etwas für die Überwindung der individuellen und der gruppenspezifischen Störung tun.

*I. Phase: Orientierung und Abhängigkeit, Annäherung und Zurückhaltung*

Die drei Grundkonflikte dieser Phase bestimmen auch die vorherrschenden Gruppenphantasien und -normen.

a) Der *narzißtische Grundkonflikt in der Gruppe* besteht zwischen dem W u n s c h, vom Leiter und der Gruppe gesehen, beachtet, anerkannt und positiv bewertet zu werden, und der A n g s t, von ihnen übersehen, nicht akzeptiert, ent- und abgewertet zu werden.

Der *Kompromiß* in diesem Konflikt besteht in der Idealisierung des Leiters bzw. der Gruppe. Damit kann der einzelne seine Wünsche nach Größe und Grandiosität auf den Leiter und die Gruppe richten und sich in ihnen narzißtisch spiegeln und letztendlich mit ihnen identifizieren. Die Kleinheitsphantasien, die Ab- und Entwertungsgefühle werden verleugnet. Diese instabile Konfliktlösung ruft geradezu nach einer Auflösung durch den Umschlag in die andere Richtung: Ent- und Abwertung der idealisierten Größen (Leiter und Gruppe), die sich gewöhnlich in der II. Phase ereignen.

Die aus dem Kompromiß sich ergebende *Gruppennorm* heißt dann: Leiter und Gruppe (das „Innen") ist ideal und positiv, das „Draußen" (Umfeld) ist negativ, bedrohlich und böse.

Alle diesem Kompromiß, dieser Gruppennorm zuwiderlaufende Einstellungen und Verhaltensweisen können eine Störung bewirken. Eine mißtrauische, kritische bis ablehnende Haltung gegenüber dem Leiter bzw. der Gruppe wird von der Gruppe als Gefährdung ihrer Idealisierungstendenzen und deshalb als angstmachend, verunsichernd und als Störung erlebt. Zugleich fühlt sich dieser kritische, mißtrauische Teilnehmer durch die Gruppe mit ihren Idealisierungstendenzen und der Verleugnung der negativen Gefühle bedroht, weil dadurch seine eigenen Größen- und Unabhängigkeitsvorstellungen gefährdet sind. Wird in dieser Phase in der Gruppe aber vorherrschend Unsicherheit, Desorientierung und Mißtrauen erlebt, so wird der Leiter bzw. auch die Teilnehmer, die die Gruppe und ihn idealisieren, als verunsichernd, störend empfunden und müssen mit noch größerem Mißtrauen beobachtet werden.

Hier wird schon deutlich, daß die Teilnehmer, die persönliche Schwierigkeiten haben, die dem Grundkonflikt der jeweiligen Phase entsprechen, zu den Aspiranten und Sprechern der jeweiligen Störung werden, hier die narzißtischen Persönlichkeiten, die mißtrauisch das Gegenüber beobachten und abwerten, um prophylaktisch der gefürchteten eigenen Entwertung durch die anderen zu entgehen.

b) Der *symbiotische Grundkonflikt* besteht zwischen dem W u n s c h, mit dem Leiter und den anderen Gruppenteilnehmern zu einer undifferenzierten Einheit, zu einem größeren Ganzen zu verschmelzen, mit ihm eins zu sein und der A n g s t, seine Individualität und Eigenständigkeit zu verlieren, seine Ich-Grenzen aufgeben zu müssen.

Der *Kompromiß* in diesem Konflikt besteht in dem dynamischen Hin- und Herpendeln zwischen Nähe und Distanz, zwischen Annäherung und Zurückhaltung, zwischen Verschmelzung und Differenzierung, zwischen Eins-werden-Wollen und Bei-sich-bleiben-Wollen.

Es bildet sich die *Gruppennorm* heraus:

Vorsichtige Annäherung bei gleichzeitig möglichem Rückzug. Kommt es jedoch zu einer einseitigen Betonung einer der ambivalenten Seiten durch einen Gruppenteilnehmer oder die ganze Gruppe, dann ist damit ein Potential zu einer Störung gelegt. Wird der Wunsch nach Verschmelzung und Nähe zur Gruppennorm, dann werden die Teilnehmer und der Leiter, die (mehr) Distanz und Zurückhaltung signalisieren, sich durch die Gruppe bzw. den Leiter überfordert und dadurch gestört fühlen, wie die Gruppe ihrerseits jenes distanzierte Verhalten als Störung empfinden wird. Wird die Angst vor Nähe und damit der Wunsch nach Zurückhaltung zur Gruppennorm, dann werden die Teilnehmer als störend empfunden und sich von der Gruppe gestört fühlen, die ihren symbiotischen Verschmelzungswunsch in der Gruppe und mit dem Leiter verwirklichen wollen.

c) Der *depressive Grundkonflikt* besteht zwischen dem W u n s c h, besonders vom omnipotenten Leiter alles Lebensnotwendige ohne eigenes Dazutun zu bekommen: gehalten, getragen, gefüttert, genährt und geliebt zu werden, und der A n g s t, vom Leiter (aber auch der Gruppe) nicht genug zu bekommen: nicht genug gehalten, getragen, gefüttert, genährt zu werden, verhungern zu müssen, fallengelassen und vergiftet zu werden. Der orale Grundkonflikt besteht also zwischen Versorgungs- und Geborgenheitswünschen und den Ängsten vor Abhängigkeit und Einverleibung.

Der *Kompromiß* sieht so aus, daß das „gute", befriedigende Objekt, der gewährende, „gute" Leiter (bzw. Gruppenteil) introjiziert, oral verschluckt, einverleibt wird und damit zum Teil von einem selbst wird, jedoch das „böse", frustrierende Objekt, der versagende und „böse" Leiter (bzw. Gruppenteil) oral vernichtet, zerbissen und ausgespuckt, in die Außenwelt projiziert wird.

Die *Gruppennorm* heißt hier also nicht wie beim Märchen vom Aschenputtel: „die Guten ins Töpfchen, die Schlechten ins Kröpfchen", sondern: „die Guten nach innen, die Schlechten nach draußen!"

Es kann zu Störungen kommen, wenn nicht die für diese Phase typischen (oralen) Verwöhnungswünsche an den Leiter gerichtet werden, sondern statt dessen ein depressiver Verzicht geleistet wird. Diese Aschenputtel-Haltung: „Mir gebührt nur das Schlechte und der Abfall, den anderen aber das Gute", übt prophylaktisch Verzicht, um nicht vom Leiter – den man nicht für kompetent in punkto Versorgung hält – und der Gruppe enttäuscht zu werden. Solche „bescheidenen" Teilnehmer erwecken entweder beim Leiter und einem Teil der Gruppe Schuldgefühle, ihm etwas schuldig zu bleiben, oder auch Wut, nach dem Motto: „Wenn er nichts haben will, dann kriegt er auch nichts."

Eine Störung kann auch dann eintreten, wenn die Forderung nach Verwöhnung und Geborgenheit übermäßig ist und nicht befriedigt werden kann; oder wenn der Leiter die in dieser Phase berechtigte Forderung nach gemäßigter (oraler) Versorgung und Orientierung nicht gewähren will oder kann. Versorgt der Leiter die Gruppe nicht nur, sondern „verwöhnt" sie übertrieben, dann tritt als Störung (in) der Gruppe entweder eine passive Versorgungsmentalität ein oder aber eine aggressive Abwehr dieser Verwöhnung, da der einzelne oder die Gruppe ihre gleichzeitigen Autonomiebedürfnisse gefährdet sehen.

Die drei Grundkonflikte der I. Phase stimmen darin überein, daß das Gruppen- und das individuelle Selbst die ihnen fehlenden Anteile durch Einverleibung, Introjektion und Identifikation der libidinösen, „guten" Angebote einholt und sich durch Verleugnung und Projektionen nach draußen der aggressiven und „bösen" Objekt- und Selbstanteile entledigt.

## II. Phase: *Kampf und Flucht, Auseinandersetzung und Zueinanderstehen*

a) Der *anal-retentive Grundkonflikt* liegt in der Spannung zwischen dem W u n s c h, den Leiter, die Gruppe und deren Liebe behalten und besitzen zu dürfen und der A n g s t, vom Leiter und der Gruppe abhängig und besessen zu werden.

Der *Kompromiß* sieht so aus, daß die „guten" Objektanteile des Leiters und der Gruppe durch Introjektion zu Bestandteilen des Selbst gemacht und damit „besessen" werden. Die „bösen" Objektanteile werden verleugnet, davor werden die Augen geschlossen, die Flucht ergriffen.

Die *Gruppennorm* heißt anfänglich in dieser Phase noch:

„Was ich nicht weiß, macht mich nicht heiß, d.h. aggressiv!"

„Was ich nicht sehe(n will), gibt es nicht bzw. nur draußen!"

„Alles, was mir gefällt, behalte ich; was ich brauche, will ich besitzen!"

Die möglichen *Störungen* hängen mit dem Aus-dem-Lot-Geraten des labilen Gleichgewichts dieser Gruppennorm zusammen. Nimmt die Angst vor den Aggressoren – Leiter und / oder Gruppe – überhand, dann treten Störungen in Form von Fluchtreaktionen bzw. Verfolgungsängsten, Angst vor Entkräftung und Entmachtung durch dieselben auf.

b) Der *anal-sadistische Grundkonflikt* besteht zwischen dem W u n s c h, frei, autonom und selbständig zu sein, entsprechend den Leiter, die Gruppe zu bekämpfen, zu besiegen, zu beherrschen bzw. zu vernichten und der A n g s t, von diesen bekämpft, beherrscht und vernichtet zu werden.

Die *„Lösung"* ist zum erstenmal kein wirklicher Kompromiß, sondern eine Konfrontation, Kampfansage und liegt in der Polarisierung zwischen „entweder/oder", in der einseitig positiven Sicht und Bewertung des „nur guten" Selbst und der einseitig negativen Sicht und Bewertung des „nur bösen" Leiters, der „nur bösen" anderen Teilnehmer. Die „bösen" Selbstanteile und die „guten" Seiten des Leiters und der Gruppe werden verleugnet.

Die nun herrschende *Gruppennorm* heißt:

„Nur keinen Streit vermeiden!"

„Ich will gegen den enttäuschenden Leiter, den ich zunächst als allwissend und allmächtig, allversorgend phantasiert habe, kämpfen, ihn vom Sockel bzw. Thron stürzen, besiegen, beherrschen bzw. vernichten und an seine Stelle treten. Dabei werde ich mich entweder mit anderen Gruppenteilnehmern solidarisieren und/oder die Rivalität mit ihnen austragen müssen."

Die in dieser Phase auftauchenden Phantasien, Aggressionen, Wut, Trotz, Kritik, Enttäuschung gegenüber dem Leiter, die Rivalitäts-, Konkurrenz- und Machtkämpfe mit dem Leiter und den anderen Gruppenteilnehmern bzw. die Solidarisierung mit ihnen gegen den Leiter, vorzeitige Autonomie- und Allmachtsphantasien – dies alles sind keine Störungen in dieser Phase, sondern phasen- und gruppenspezifische Reaktionen und Konfliktverarbeitungsversuche. Vielmehr sind als Störungen der Gruppennorm „Kampf" die Reaktionen anzusehen, die auf Flucht und Trennung, Verlassen der Gruppe hinauslaufen, aber auch Fortdauer der Idealisierung des Leiters und der Gruppe.

c) Der *phallische Grundkonflikt* faßt die beiden vorangegangenen Grundkonflikte zusammen (nämlich den anal-retentiven Grundkonflikt, der das „Böse" verleugnend das „gute" Objekt introjiziert und den anal-sadistischen Grundkonflikt, der das „Gute" leugnend das „böse" Objekt vernichtet und ausscheidet) und richtet sie jeweils differenziert auf die unterschiedlichen Geschlechter. Das „gute" und ersehnte Objekt ist nun vorrangig das gegengeschlechtliche; das bekämpfte Objekt, mit dem rivalisiert wird, ist nun das gleichgeschlechtliche Objekt.

Der phallische Grundkonflikt besteht zwischen dem W u n s c h, den gegengeschlechtlichen Leiter bzw. Gruppenteilnehmer und deren Liebe zu besitzen, das gleichgeschlechtliche Objekt einerseits zu behalten, aber auch als rivalisierendes Objekt aus dem Feld zu schlagen, zu beseitigen, zu vernichten und der A n g s t, vom gleichgeschlechtlichen Leiter bzw. Gruppenmitglied bestraft, isoliert, aus der Gruppe rausgeschmissen, von ihnen und ihrer Liebe „abgeschnitten" zu werden.

Der *Kompromiß* – am Ausgang der II. Phase – ist der Verzicht auf alleinigen Besitz des gegengeschlechtlichen Leiters bzw. Gruppenteilnehmers und die teilweise Identifikation mit dem gleichgeschlechtlichen Leiter bzw. Gruppenteilnehmer.

Die *Gruppennorm* heißt nun: „Sowohl-als-auch". Ich darf sowohl um das gegengeschlechtliche Objekt werben als auch mit dem gleichgeschlechtlichen Objekt rivalisieren. Ich kann aber auch sowohl auf eine intensive Zweierbeziehung verzichten als auch eine Dreierbeziehung herstellen. Ich kann sowohl zu gegengeschlechtlichen als auch zu gleichgeschlechtlichen Objekten eine differenzierte Beziehung gewinnen. Ich kann sowohl eigene und fremde Schwächen als auch eigene und fremde Stärken wahrnehmen und akzeptieren. Ich kann sowohl meine Autonomie und meine Selbstachtung bewahren als auch die Interdependenz und Achtung der anderen festhalten. Ich kann mich sowohl aus der inneren Abhängigkeit von den äußeren, realen Objekten (Leiter und Gruppe) lösen als auch die Erfahrungen mit ihnen, ihren Haltungen, Einstellungen, Normen und Sitten ins Über-Ich aufheben.

Der Gruppenprozeß dieser Phase, der über Auseinandersetzungen, d.h. Differenzierungen auch der Geschlechter zu Identifikationen mit den Gleichgeschlechtlichen läuft, findet seinen Ausgang im Zueinander-stehen-Können, im Getrennt-Sein und im Zusammen-Gehören.

*Störungen* dieses Gruppenprozesses und dieser Gruppennorm sind dann anzunehmen, wenn es bei dieser Fixierung auf den gegengeschlechtlichen Leiter bzw. Teilnehmer, bei der Dyade bleibt, es nicht zur Auflösung derselben in Richtung Triade, d.h. zur Erweiterung in Richtung Gruppe kommt. Störungen schauen demnach so aus, daß eine feste Innengruppe um den Leiter und eine Außen- bzw. Randgruppe derselben gegenübersteht. Als Störungen in dieser Phase sind auch fest etablierte, aggressive, revolutionäre Untergruppen anzusehen, die anzeigen, daß die anal-aggressive Phase nicht überwunden wurde oder eine Regression in dieselbe passierte, weil die phallische Problematik mit dem Leiter nicht ausreichend bewältigt werden konnte.

Es soll nochmals betont werden, daß aggressive Auseinandersetzung und Untergruppen-Bildung für diese II. Phase normal, kennzeichnend und wünschenswert sind, daß aber eine Fixierung darin einen Hinweis auf eine Störung des Gruppenprozesses darstellt.

Die drei Grundkonflikte dieser II. Phase stimmen darin überein (vgl. I. Phase: Introjektion der libidinösen, guten Objektanteile), daß die abgelehnten „bösen" Selbstanteile auf die Objekte innerhalb der Gruppe projiziert und zusammen mit den „bösen" Objektanteilen an diesen selbst bekämpft werden. Aber auch die eigenen und fremden libidinösen Regungen werden als die Autonomie gefährdenden und zur Abhängigkeit (Dyade) zurückholenden Tendenzen bekämpft. Die Aggression, die sich zunächst noch im Besitzenwollen des Objektes äußerte, findet dann ihren Ausdruck im Beherrschen- und Vernichten-Wollen des Objektes. Endlich wird Verzicht auf den Besitz hauptsächlich des gegengeschlechtlichen Leiters bzw. Gruppenteilnehmers geleistet, womit es zur Identifikation und Solidarisierung mit dem gleichgeschlechtlichen Leiter und Teilnehmer kommen kann.

Die drei Grundkonflikte der II. Phase stimmen außerdem überein im aggressiven Kampf gegen die Abhängigkeit und gegen die Beeinflussung durch den Leiter und die Gruppe und im Streben nach Unabhängigkeit vom Leiter und nach Selbständigkeit.

*III. Phase: Autonomie u n d Interdependenz, Differenzierung u n d Integration*

Der *Grundkonflikt* der III. Phase ist vergleichbar dem der Latenzphase in der individuellen Entwicklung. Der Konflikt, der nach außen nicht spürbar wird, besteht zwischen dem W u n s c h, eine möglichst angst- und konfliktfreie Sphäre (ohne libidinöse und aggressive Triebregungen gegenüber Elternfiguren) zu erleben und der A n g s t vor dem Auftauchen der gerade verdrängten, in der Vorphase erlebten, durch Verzicht überholten und überwundenen libidinösen und aggressiven Impulse gegenüber dem Leiter und anderen Gruppenteilnehmern. Durch den Verzicht und die Verdrängung dieser Impulse ist die Angst vor dem Konfliktfeld „Familie" bzw. Gruppe nicht mehr zu spüren. Scheinbar sind diese Konflikte ein-für-allemal ausgetragen.

Der *Kompromiß* sieht so aus, daß der Leiter als „primus inter pares" vom Sockel geholt und in die Gruppe eingeordnet wird. Die einzelnen Teilnehmer und die Gruppe als Ganzes werden in ihrer Wichtigkeit angehoben, aufgewertet. Das Positive und Verbindende, die gemeinsamen Interessen und Aufgaben der „Gleichaltrigen" und Gleichberechtigten, der „peers", werden in den Vordergrund gerückt und stellen damit die Basis der positiven, vielfältigen Beziehungen in der Gruppe dar.

Das Negative, Konflikthafte, Kritische und Trennende wird in den Hintergrund gedrängt, verdrängt oder auf die Außenwelt projiziert. Die daraus resultierende *Gruppennorm* heißt: „Leben und leben lassen!" Jeder fühlt sich selbständig, frei und kann deshalb offen und interessiert auf den anderen zugehen, aber ihn auch in Ruhe lassen und sein Anders-Sein tolerieren.

Die *Störungen* in dieser sehr toleranten und harmonisch ausbalancierten Phase, in der die einzelnen füreinander und für gemeinsame Aufgaben aufgeschlossen sind, zeigen sich: zum einen als verspätete Rivalitäts- und Machtkämpfe um die Position gegenüber dem Leiter und in der Gruppe, zum anderen als verspätete Auseinandersetzung in bezug auf weibliche bzw. männliche Identität; drittens als Rückzug aus Beziehungen in der Gruppe bei neurotischen Beziehungs- und Bindungsängsten; und viertens als Verweigerung der Gemeinschaft, des gemeinsamen Lernens und Arbeitens und der intensiven Interaktion und Kommunikation.

*IV. Phase: Vertrauen und Intimität*

Der *Grundkonflikt* dieser Phase ist dem der Pubertät vergleichbar. Er besteht zwischen dem W u n s c h nach differenzierteren, näheren, auch intimeren, erotischen und sexuellen Beziehungen und der A n g s t, (wieder wie früher) in Abhängigkeit zu geraten, von den anderen abgelehnt bzw. für die Bevorzugung einzelner von den anderen mit Liebesentzug bestraft zu werden.

Der *Kompromiß* besteht darin, daß die erworbene Gruppenzugehörigkeit und ihre Normen weiterhin akzeptiert, Verantwortung für die Gesamtgruppe und ihre Aufgaben und Ziele übernommen werden, daß aber daneben wieder deutlich individuelle Normen und Wünsche, jetzt besonders homoerotischer und heterosexueller Natur in den Vordergrund treten, die sich in der Intensivierung der einzelnen Kontakte und von Paarbildungen bemerkbar machen. Diese Paarbildungen sind im Unterschied zu den aggressiven Untergruppenbildungen der II. Phase nun vorwiegend libidinöser Natur.

Die *Gruppennorm* dieser Phase heißt:

„Ich stehe zu unserer Gruppe u n d zu meinen individuellen, erotischen und sexuellen Wünschen!"

Ziel dieser Phase ist die psychosexuelle und psychosoziale Identitätsfindung, d.h. die autonome Persönlichkeit als Frau bzw. Mann innerhalb der Interdependenz der Gesamtgruppe.

*Störungen* in dieser Phase können in der Abwehr der Wünsche nach Nähe, Intimität, Erotik und Sexualität wurzeln und sich als „Verfolgung" der homo- bzw. heteroerotischen Paare durch gehemmte einzelne oder Kleingruppen bemerkbar machen. Wenn der Leiter die Intimität und Sexualität in der Gruppe durch seine permessive oder repressive Einflußnahme fördert oder hindert, kann es zu offener Rebellion oder zu Abspaltungen und Geheimhaltungen kommen, die die Gruppe insgeheim spalten und das Vertrauensniveau senken. Andererseits kann es auch zu Störungen in der Gruppe kommen, wenn der Leiter mit Gruppenteilnehmern intime Beziehungen eingeht und mit einem Teilnehmer ein Paar bildet, was die sowieso schon virulenten Urszenen-Phantasien beflügeln und den alten Rivalitätsgefühlen in der Gruppe neue Nahrung geben würde. Außerdem bedeutete es – analytisch gesehen – einen Rückfall in die überwundene phallische Phase, in der das gegengeschlechtliche Elternobjekt begehrt wird. Auch die homo- oder heterosexuelle Paarbildung, die mit Rückzug aus der Gesamtgruppe einhergeht, stellt eine Störung des empfindlichen

Gleichgewichtes zwischen erreichter Interdependenz und Autonomie dar. Auch die Verdrängung der Anziehung der Geschlechter und die Nivellierung des Geschlechtsunterschiedes behindert die Entwicklung der Gruppe und des einzelnen und kann sich als uninteressantes, spannungsloses Dahinplätschern der Gruppe und der Beziehungen äußern.

*V. Phase: Ablösung und Trennung, Abschied und Übergang*

Der *Grundkonflikt* dieser letzten Phase der Gruppenentwicklung ist dem der Adoleszenz vergleichbar. Er besteht einerseits zwischen dem W u n s c h, das Erreichte und Gute, das Liebgewonnene und Gewohnte, das Vertraute und „Alte" behalten bzw. mitnehmen zu können und der A n g s t, Freunde, Bekannte und Vertraute verabschieden, verlieren, verlassen, loslassen und sich davon trennen zu müssen. Andererseits besteht der Grundkonflikt zwischen dem W u n s c h nach Freiheit und Ungebundenheit, nach Weiterentwicklung, nach Erprobenwollen des Neuen und Unbekannten und der A n g s t, einsam, allein und verlassen zu sein und wieder neu, von vorne anfangen zu müssen.

Der *Kompromiß* ist ein Hin- und Herpendeln zwischen den ambivalenten Regungen, zwischen dem Sich-Wehren gegen den Abschied und seinen Vollzug, zwischen Behalten-Wollen des Alten und Vertrauten und dem Sich-Öffnen für das Neue, zwischen dem Schmerz, der Trauer, der Wut und der Freude und Neugier, zwischen der Aufwertung und Abwertung des Alten und der Abwertung und Aufwertung des Neuen. Der Weg dieses Kompromisses führt allmählich von der Trauer über die Rückschau und Auswertung des Erlebten, über das Aufgeben, Aufheben und Weiterentwickeln des Gruppenerlebnisses, über den persönlichen Abschied von der Gruppe zum Transfer des Erlebten in die neue Situation außerhalb der Gruppe.

Die daraus resultierende *Gruppennorm* dieser Phase heißt:

„Ich bin, was ich aufhebe.

1. Was ich beende, hergebe, hierlasse;
2. Was ich bewahre und behalte;

3. Was ich erhebe, auf eine andere Stufe hebe, in einer anderen Situation weiterentwickle."

Die *Störungen* dieser Phase sind gekennzeichnet durch die Ambivalenzen dieser Phase, d.h. sie sind Vereinseitigungen oder Vermeidungen dieser Ambivalenzen. Wenn der Abschied vermieden werden soll, so wird er einfach verleugnet und durch besondere Nähe der Gruppe und Intensität der Arbeit – also das Gegenteil von Trennung – signalisiert. Die Trauer wird vermieden dadurch, daß der einzelne oder die gesamte Gruppe in frühere Gruppenphasen regredieren: Der Leiter wird angegriffen, alte Streitigkeiten der Teilnehmer werden wieder aufgelegt, unerledigte Aufgaben werden als Beweis für die Notwendigkeit des Weiterbestehens der Gruppe hervorgeholt.

In der Rückblicks- und Auswertungsphase kann das Erlebte und Erreichte, der Leiter und die Gruppe abgewertet werden, was den Abschied erleichtern soll. Der Vermeidung des Abschiedes dient auch ein anderes Verhalten, nämlich die Glorifizierung des Gewesenen, die Phantasien über Wiederbegegnungen und Fortsetzung der Gruppe und ihre Arbeit. Auch ein einseitiger positiver Rückblick ohne kritische Reflexion und Ausblick auf die Zukunft dient der Vermeidung der Trennung und Trauer und stellt eine oft unbemerkte Störung in dieser Gruppenphase dar. Eine „Flucht nach vorn", die den Abschied durch Flucht ersetzt, ist die vorzeitige, oft rational begründete Abreise.

Die hier aufgeführten Störungen in den jeweiligen Phasen sind besonders typische Erscheinungsformen und können sicherlich durch weitere ergänzt werden.

### 3. Leiterspezifische Ursachen

*a) Ursachen, die in der Person des Leiters liegen*

Von den individuellen Ursachen – siehe Punkt 2. –, die auch für den Leiter gelten und sich im Gruppengeschehen als Störungen auswirken können, sollen die folgenden besonders hervorgehoben werden:

- Wenn der Leiter es nicht verträgt oder es abwehrt, von der Gruppe anfänglich idealisiert zu werden, so verweigert er die Annahme wichtiger Versorgungsaufgaben gegenüber der Gruppe und bewirkt, daß der einzelne und die Gruppe, statt Sicherheit und Geborgenheit zu erleben, sich vom Leiter verunsichert und alleingelassen fühlen.
- Andererseits treten Störungen in einer Gruppe auf, wenn der Leiter es nicht erträgt, daß die Gruppe ihn allmählich (besonders in der II. Phase) entidealisiert, weil er dadurch das Wachsen des Selbstbewußtseins, der Selbständigkeit und der Gruppenzusammengehörigkeit verhindert.
- Werden Übertragungen und Gegenübertragungen vom Leiter nicht erkannt und entsprechend gehandhabt, so kann es zu Inszenierungen neurotischer Konflikte zwischen Teilnehmer und Leiter kommen, die nur eine Wiederholung aber nicht eine Lösung alter, frühkindlicher Konflikte in der Gruppe darstellen und die die Weiterentwicklung der Gruppe behindern.
- Mangelnde Ich-Stärke und Ich-Grenzen eines Leiters provozieren unbewußt die Verschmelzungswünsche (mit) der Gruppe und können zu einer Fixierung an den Leiter, an die Anfangsphase einer Gruppe führen, die die Entwicklung der Gruppe und das Erfüllen ihrer Aufgaben stören.
- Mangelt dem Leiter ein ausgeprägter Realitätssinn, dann besteht die Gefahr, daß nach anfänglichen „Höhenflügen" die Gruppe an ihrer Realität bzw. der Härte der Aufgaben scheitert.
- Ist die Aggressionsfähigkeit beim Leiter gehemmt, d.h. seine Fähigkeit, sich abzugrenzen, nein zu sagen, sich auseinanderzusetzen, Differenzen und Unterschiede zuzulassen, so ist entweder seine Position durch die Gruppe gefährdet oder die Gruppe zur schonenden, passiven und ihre Aktivitäten bremsenden Haltung gegenüber dem Leiter verurteilt.
- Eine Hemmung der Libido beim Leiter, die sich als mangelnde Fähigkeit äußert, Nähe und Intimität zuzulassen, kann Störungen besonders in der IV. Phase (Vertrauen und Intimität) verursachen, die sich in der Auseinandersetzung um die Frage der Sexualität in der Gruppe äußern können.

- Ist der Leiter in seiner Emotionalität gehemmt und damit in der Gefahr zu intellektualisieren und zu rationalisieren, dann können damit die gefühlsmäßigen Austausch- und Bindungsprozesse behindert werden.
- Kann der Leiter schlecht mit Trennung, Trauer und Abschied umgehen, so besteht zum einen die Gefahr des Abhängighaltens des einzelnen und der Gruppe vom Leiter (besonders in der Anfangsphase einer Gruppe), zum anderen die Gefahr der „Flucht" ohne Ablösung und zum dritten die Gefahr der Provokation, um sich über Aggressionen besser von der Gruppe bzw. dem Leiter in der Schlußphase trennen zu können.

*b) Ursachen, die mit den auf die Leiterrolle gerichteten Erwartungen zusammenhängen*

Mit der Rolle des Leiters sind von der Seite der Gruppenteilnehmer bestimmte Erwartungen und Phantasien verknüpft.

Zu Beginn der Gruppe idealisieren die Teilnehmer den Leiter und phantasieren (unbewußt bis vorbewußt) ihn als allmächtig und allwissend. Sowohl die notwendige Ent-täuschung dieser Phantasien durch die reale Person des Leiters mit seinen Unzulänglichkeiten und Begrenzungen als auch die Aufrechterhaltung dieser Idealisierung und Allmachtsphantasien über die I. Phase hinaus – gleichgültig ob sie vom Leiter oder der Gruppe betrieben werden – können zu Störungen des Gruppenprozesses führen.

Mit der Rolle des Leiters sind entsprechende Autoritätsphantasien verknüpft, die einerseits zur Anlehnung und Anklammerung an ihn, zum gläubigen Aufschauen zum Leiter und damit zu störenden Abhängigkeitsphänomenen oder andererseits zur permanenten Rebellion gegen diese Autorität „Leiter" führen.

Bei narzißtisch verunsicherten und/oder autoritätsfixierten Gruppen wird die Rolle des Leiters eine ständig fließende Quelle von Gefühlen des Überwältigt- und Unterdrücktwerdens sein, weshalb es immer wieder zu Macht- und Rivalitätskämpfen kommen muß, wobei der Leiter ständig entwertet wird.

Hingegen delegieren Gruppenteilnehmer, die in der Rolle des Mitläufers (des Gammas) sind, an den Leiter viel eigene Verantwortung – nach dem Motto: „Der Papa wird's schon richten!"

*c) Ursachen, die in der Themensetzung liegen*

Störungsursachen sind unklare, widersprüchliche, zu enge oder zu weite *Themenformulierungen*.
Auch falsche *Themensetzungen* können Störungen provozieren, wenn z.B. das Thema nicht dem Standort oder dem Prozeß der Gruppe entspricht, d.h. es ihnen nachhinkt, vorauseilt oder zuwiderläuft.
Auch eine mangelhafte *Einführung ins Thema* kann eine Störung verursachen: Ist die Einführung zu ungenau oder oberflächlich, dann kann das Thema willkürlich verändert werden oder es wird zum „Zankapfel" statt zum die Gruppe „einigenden Band".
Ist die Einführung zu knapp und damit die Aufgabenstellung unklar, so führt dies oft zur Irritation einzelner oder der Gruppe bzw. zu Machtkämpfen in ihr.
Ist dagegen die Einführung unverhältnismäßig ausführlich und nimmt damit Gesprächsinhalte vorweg bzw. legt diese eindeutig und einseitig fest, dann kann das zu Langeweile, Desinteresse und Passivität in der Gruppe führen.

*d) Ursachen, die in der Strukturierung durch den Leiter liegen*

Mangelnde, einseitige, unklare, nicht zum Thema und dem Prozeß passende *Strukturierungen* führen zur Verunsicherung des einzelnen in der Gruppe, mobilisieren Ängste, Rückzug und andere Abwehrformen.

*e) Ursachen, die in den Leiterinterventionen wurzeln*

Folgende Leiterinterventionen, die mehr oder weniger bewußt sein müssen, können Störungen in der Gruppe verursachen:
Wechselt der Leiter sein „Standbein" im Prozeß der Gruppe, initiiert er den Wechsel vom Ich zum Wir bzw. vom Wir zum Ich oder zum

Thema, dann kann dies eine Störung des sich zu kurz gekommen fühlenden Ich's bzw. Wir's bewirken.

Auch das Umlenken und Umschwenken, Abschneiden des Themas bzw. des Prozesses der Gruppe durch eine zeitlich unpassende Leiterintervention kann eine Störung der Kommunikation bzw. des Prozesses zur Folge haben.

Das Übergehen eines Teilnehmers und das Abschneiden seines Beitrages verursachen beim einzelnen Ärger und/oder eine Blockierung.

Eine ähnliche Störung bewirkt die Provokation eines einzelnen oder der Gruppe als Ganzes durch den Leiter.

Bringt sich der Leiter nur mittels seiner Rolle ein, d.h. verschanzt er sich hinter ihr und zeigt sich nicht als Person, dann hält er sich aus der Gruppe und ihrem Prozeß heraus und wird entweder als verunsichernder Fremdkörper oder als Überlegener empfunden, der zu viel Distanz hält und damit Angst und/oder Bewunderung erzeugt. Bringt sich hingegen der Leiter ganz als Person ein, aber läßt die Distanz (selektive Authentizität) vermissen, die zum Überblicken und zur Reflexion des Geschehens notwendig ist, dann besteht die Gefahr, daß er die Leitung aus der Hand gibt und Machtkämpfe zwischen den Teilnehmern beginnen.


## 4. TZI-immanente Ursachen, die von der Philosophie und Methode der TZI ausgehen

Aus der unkritischen Verabsolutierung, aus einseitiger Interpretation und aus vordergründigen Mißverständnissen der TZI-Axiome und Postulate erwachsen in TZI-Gruppen manchmal unbewußte, vorbewußte oder bewußte Einstellungen und Normen, die als Quellen und Ursachen von Störungen anzusehen sind.

Solche sind z.B.:

- „Aggressionen sind (in TZI-Gruppen) unerwünscht!"
- „Wir können alles lösen, haben für alles eine Antwort!"
- „Veränderung ist immer möglich – bis zum Schluß/Tod!"
- „Störungen haben Vorrang: Gestörte und Störer genießen

Privilegien, haben Vorfahrt!"
- „Störungen werden entweder schnell aufgelöst (z.b. durch eine Übung) oder individualisiert (als Störung einer Person) und dann ,therapiert'!"
- „Gefühl ist alles! Verstand ist verdächtig!"
- „Es gibt kein Nein, sondern immer nur ein ,Noch-Nicht'!"
Diese Einstellungen prägen Gruppennormen, die einzelne Gruppenteilnehmer oder auch Teilgruppen an den Rand drängen, zu Außenseitern machen oder unnötig Konflikte provozieren.

### 5. Globale Ursachen; Ursachen, die im Umfeld liegen

a) Die *Vergangenheit* wirkt in die Gegenwart der Gruppe. Sie kann Ursache von Störungen des Prozesses sein. Einmal wirkt die Geschichte jedes einzelnen Teilnehmers in die Gruppengegenwart, so daß lange zurückliegende Konflikte in der Außenwelt als psychische Probleme über den Wiederholungszwang in die Gruppe hineinwirken können.
Zum anderen kann die nationale oder internationale Geschichte mit ihren Konflikten und Kriegen und den daraus resultierenden unterschiedlichen Einstellungen und Vorurteilen zur Ursache von größeren Störungen im Gruppenprozeß werden.
Die nationalen, sprachlichen und gestischen Eigenheiten und -arten, besondere Traditionen und Normen können ebenso zu Störungen in Gruppen führen wie die unterschiedlichen gesellschaftlichen, sozialen Strukturen, aus denen die Gruppenteilnehmer kommen, besonders dann, wenn diese nicht erkannt und benannt werden können. Stammen die Teilnehmer aus Ländern mit verschiedenen Geistes- und Kulturgeschichten oder mit unterschiedlichen politischen, religiösen und wirtschaftlichen Systemen (z.B. Kapitalismus – Kommunismus, Nord – Süd, Islam – Christentum), dann lösen sie oft unvermeidlich Spannungen und Konflikte in Gruppen aus.

b) Die *Gegenwart* wirkt direkt in die Gruppe hinein mittels des unmittelbaren Umfeldes (Ort / Zeit / Institution / Thema), in der sich die Gruppe bewegt, über die aktuellen Umweltgeschehnisse und die politischen, kulturellen Tagesereignisse, aber auch indirekter über die gerade herrschenden oder in Umbruch befindlichen geistigen, ideologischen und sprachlichen Strukturen. Die Gruppe ist eingebettet in und verflochten mit der sie umgebenden Realität, deren Ereignisse auch Störungen in den Gruppenprozeß bringen können. Auch das momentane persönliche und berufliche Umfeld und die gegenwärtige Lebensphase bestimmen hemmend oder fördernd das Gruppengeschehen.

c) Die *Zukunft* reicht in die Gegenwart der Gruppe und des einzelnen hinein und beeinflußt diese durch Prognosen und Zukunftsaussichten, durch Befürchtungen und Hoffnungen.

Die hier voneinander nach Bereichen getrennt aufgeführten Ursachen von Störungen schließen sich gegenseitig nicht aus. Vielmehr können mehrere Ursachen, sozusagen auf verschiedenen Ebenen, zusammenwirken und eine Störung manifest machen, die bei nur einer Quelle latent geblieben wäre. So vermögen mehrere Ursachen, die in dieselbe Richtung weisen, die Stärke einer Störung „aufzuschaukeln", während Ursachen, die in verschiedene Richtungen tendieren, Störungen in ihrer Intensität zu mildern, zu kompensieren oder gar aufzuheben vermögen.

Als Beispiel diene ein konkreter Vorfall in einer Gruppe: Ein unklares, mangelhaft eingeführtes Thema, das in der Kampf- und Fluchtphase der Gruppe als willkommene „Munition" gegen den Leiter gedient hätte, war in der Autonomie- und Interdependenzphase nur Anlaß zu einer kurzen Irritation in der Gruppe, zugleich eine Herausforderung an sie, das Thema und die Aufgabe klarer zu formulieren und sogleich konstruktiv am genauen Thema zu arbeiten, um sich im Rückblick gemeinsam humorvoll über den „faux-pas" des Gott-sei-Dank fehlbaren Leiters zu freuen.

# IV. Umgang mit Störungen

## 1. Störungen im Beziehungsfeld „Ich – Leiter"

Es folgen einige Beispiele für Störungen, die sich in ihren Ursachen, Auswirkungen und dementsprechend dann in ihrer Handhabung unterscheiden. Als erstes eine Störung, die ihren Schwerpunkt im Beziehungsfeld ICH – LEITER hat:

L., gescheit, redegewandt, einfallsreich, kreativ, brachte frühzeitig ihr Problem ein, daß die alte Botschaft: „Sei rücksichtsvoll, Egoistisch-Sein ist schlimm", es ihr erschwere, etwas für sich holen zu können; sie sei sehr sparsam mit ihren Wünschen. Sie faßte das einmal resignativ und aggressiv in die Worte: „Ich habe nichts, ich brauche nichts und ich will nichts!"

Da diese Botschaft weitgehend im Widerspruch stand zu ihrer regen Teilnahme, ihren guten, wichtigen und auch raumnehmenden Beiträgen, kam sie nicht als Hilferuf an, löste keine Betroffenheit aus. Die Gruppe ging nicht sehr darauf ein, und die Leiterin fühlte sich speziell auch nicht als Adressatin für diese Botschaft. So reagierte sie erstmal mit Erstaunen und Unverständnis, als L. ihr vorwarf, sie würde sie nicht akzeptieren, weil sie intellektuell nicht gut genug für sie sei. L. würde wirr und unklar werden aus Angst, der Leiterin nicht genügen zu können.

Die Leiterin versuchte im Hier und Jetzt mit Hilfe der Gruppe, L. es zu ermöglichen, ihre Wahrnehmung zu korrigieren, weil sie sie in Bezug auf die Intellektualität von Anfang an absurd fand. Das gelang nicht. Auch L.'s Erklärung, sie übertrage auf die Leiterin die Mutter, die sie intellektuell nie anerkannt hätte, löste die Spannung nicht. Die Leiterin spürte ihrerseits, daß sie zunehmend gereizt wurde, weil es ihr nicht gelang, mit L. in wirklichen Kontakt zu kommen. Gleich, was sie anbot, es kam von L. die Forderung, daß sie mehr brauche, um sich angenommen zu fühlen. Schließlich gab

42

die Leiterin ihre Bemühungen auf und sagte B., daß es sie immer ärgerlicher und auch traurig mache zu erleben, daß alles, was sie ihr gern und ehrlich gäbe, für sie nicht ausreiche. Danach fühlte sich die Leiterin entlastet, nicht mehr gereizt und war zugewandter. Da diese Störung den Prozeß der Gruppe nicht deutlich beeinträchtigte, entschied sich die Leiterin, in die Beziehungsschwierigkeit zwischen ihr und L. nicht tiefer einzusteigen, zumal dies ihrem eigenen Bedürfnis entgegenkam. Sie klärte für sich allein die Situation: Ihr schien der Vorwurf, L. intellektuell nicht anzuerkennen, von Anfang an absurd und suspekt. L.'s Übertragungserklärung war für sie nicht in Einklang zu bringen mit deren initialem Hilferuf, ihrer Botschaft, sich immer zurückstellen zu müssen, und bewirkte deshalb auch keine Entlastung. Die Leiterin verstand ihren Vorwurf darum als Abwehr gegen den eigentlichen Wunsch, mehr emotionale Nähe von ihr zu bekommen. Indem L. aber diesen Wunsch mit ihrem nicht der Realität entsprechenden Vorwurf abwehren mußte, förderte sie das Nichtverstehen, verstärkte die Gereiztheit und den Ärger der Leiterin, vergrößerte ihre Distanz zu ihr und erreichte damit genau das, was sie unbewußt fürchtete.

Die überzogene emotionale Reaktion der Leiterin führte sie selbst darauf zurück, daß ihre eigene Intellektualität auf Kosten anderer Bedürfnisse immer überbetont worden war. Als ihr das klar wurde, konnte sie auch erkennen, daß sich ihre eigenen Defizite unbewußt in der Gegenübertragung ausgewirkt und sie blockiert hatten für L.'s Wünsche und Angebote auf der bewußten Ebene. Danach war die Leiterin in der Lage zu entscheiden, dem intakten Ich von L. ein Stück Frustration zuzumuten, d.h. nicht auf die regressive, therapeutische Ebene einzusteigen, sondern progressionsfördernde Schritte anzubieten: Sie unterstützte L. bei ihren ersten Versuchen, selbst außerhalb Gruppen zu leiten, übertrug ihr anspruchsvolle Aufgaben während des Kurses, z.B. die Leitung einer Sitzung, die ganz besonders viel Aufmerksamkeit für die Struktur, die Zeiteinteilung erforderte. L. stellte sich souverän mit ihren Fähigkeiten dar, gewissenhaft planen und klug strukturieren zu können, sowohl jeden einzelnen als auch den Globe im Auge zu behalten. Die zugewandte und unterstützende Haltung der Leiterin, die jetzt

ebenso echt war wie ihr Interesse und ihre Geduld, veränderten die Beziehung zwischen ihr und L.: Der „absurde Vorwurf" wurde überflüssig, die Übertragungsebene trat in den Hintergrund, und beide begegneten sich „ungetrübter" auf der realen, bewußten Ebene, kamen sich viel näher und konnten gut zusammen arbeiten. Dies ist ein Beispiel dafür, daß es in einer TZI-Gruppe möglich ist, eine Störung soweit – d.h. ausreichend – zu überwinden, daß am gemeinsamen Ziel, am Thema weiter gearbeitet werden kann, ohne daß der zugrundeliegende unbewußte Konflikt der Teilnehmerin mit ihr analytisch bearbeitet und aufgelöst werden muß.
Eine notwendige Voraussetzung für ein solches Vorgehen ist allerdings eine ausreichende Ich-Stärke der Beteiligten.


## 2. Störung im Beziehungsfeld „Ich – Wir"


Am Beispiel einer konkreten Situation sollen im folgenden die Komplexität in der Entstehung und in der Erscheinung von Störungen und die möglichen Reaktionen darauf demonstriert werden.
In einem Methodenkurs, der von einem Paar geleitet wurde, befand sich u.a. eine Teilnehmerin, die ca. zehn Jahre älter, nämlich 50 Jahre alt, als die beiden Leiter war. Diese Teilnehmerin, nennen wir sie Martha, stellte sich bereits in der ersten Sitzung als äußerst erfahrene und kompetente Gruppenleiterin dar, so daß sich die Leiter fragten, was sie eigentlich hier noch lernen wolle. In den folgenden Sitzungen arbeitete Martha zwar sachbezogen und stets ihre eigene Kompetenz unterstreichend mit, sie hielt sich jedoch in bezug auf die Mitteilung von persönlichem oder gar gefühlsmäßigem Erleben zurück. Da sie aufgrund ihres sicheren Auftretens und des Vermeidens, persönliche Schwachstellen zu zeigen, in relativ kurzer Zeit eine starke Position in der Gruppe inne- und entsprechende „Gefolgsleute" um sich geschart hatte, mußten die beiden Leiter stets dagegen ankämpfen, daß die von Martha vertretenen Normen der emotionslosen, rein rationalen Themenbearbeitung in der Gruppe Schule machten.

Hinzu kam, daß die Leiter das Gefühl hatten, Martha lauere nur darauf, ihnen einen Fehler nachzuweisen, um sie zu entthronen und sich dann ihrerseits als die eigentliche Gruppenleiterin darzustellen. Der Versuch des Gruppenleiters, sich anläßlich einer Feed-back-Übung in der Kampf- und Flucht-Phase mit Martha auseinanderzusetzen, indem er ihr nicht nur sagte, wie sie auf ihn wirken, sondern auch, welche Reaktionen sie bei ihm auslösen würde, scheiterte: M. reagierte auf diese Eröffnungen mit der ihr eigenen Abwehr der Rationalisierung bzw. der Projektion. Sie äußerte, daß sie noch nie in ihrem langen Gruppenleben ein derartiges Feedback erhalten hätte, daß sie sich selbst auch als völlig anders, nämlich als all ihre Gefühle äußernd, erlebe, und daß die empfundenen Schwierigkeiten wohl ausschließlich ein persönliches Problem des Gruppenleiters seien, der es wohl nicht verkrafte, kompetente Leute in seiner Gruppe zu haben.

In einer späteren Phase des Gruppenprozesses, in der sich die Gruppe mit methodischen und technischen Fragen der TZI beschäftigen wollte, setzte M. wiederum eine Gegennorm: Sie, die sonst stets auf Sachlichkeit und auf das Heraushalten von nicht zum Thema gehörenden Emotionen gepocht hatte, brachte jetzt – sichtlich bewegt – ein, daß sie am Vorabend am Telephon von der Krebserkrankung einer Nachbarin, die jetzt ins Krankenhaus müsse, erfahren hätte. Sie, M., hätte selbstverständlich angeboten, daß sie auf deren Kinder aufpassen würde, so daß sie bereits nach dieser Sitzung, also auch einen Tag vor dem eigentlichen Kursende, abreisen müsse. Obwohl M. diese Tatsachen bereits am Vorabend erfahren und geschaffen hatte, äußerte sie erst in der letzten Sitzung des folgenden Tages ihre emotionale Betroffenheit und ihre Entscheidung, den Kurs mit dieser Sitzung zu beenden.

Alle Versuche der Teilnehmer und der Kursleiter, weitere Motivationen als die von M. selbst geäußerten zu der verspäteten Mitteilung und dem vorzeitigen Kursabbruch zu ermitteln, scheiterten an M.'s stereotyper Mitteilung, daß es ihre Pflicht als Nachbarin sei, jetzt helfend einzugreifen. Kritische oder ärgerliche Reaktionen der Kursteilnehmer oder deren Frage, warum sie dies erst jetzt sagen würde, obwohl sie doch bereits seit gestern abend von der

Erkrankung der Nachbarin erfahren und ihre Entscheidung, den Kurs vorzeitig zu verlassen, gefällt hätte, wehrte sie ab, indem sie von ihrer christlichen Pflicht zu helfen sprach, oder indem sie die Reaktionen der Teilnehmer als deren Problem hinstellte bzw. aus diesen heraushörte, wieviel sie doch wohl für die Grupe bedeuten müsse, daß diese sie nicht vorzeitig gehen lassen wollte.

Obwohl M. von sich aus nie eine Störung angemeldet und auch – auf ihre Weise – stets sachbezogen kooperiert hatte, war sie doch – von Anfang an – für die beiden Kursleiter und – mit zunehmender Kursdauer – auch für viele Teilnehmer ein Störfaktor.

Die von der Gruppe geäußerten Störungen und gefühlsmäßigen Reaktionen prallten an ihr ab, so daß kein wirklicher Kontakt mit ihr möglich war.

Die Kursleiter registrierten folgende Gegenübertragung: Ärger als Reaktion auf die von M. selbst nicht empfundene und nicht direkt geäußerte Aggression; Gefühle von Unsicherheit und die Versuchung, sich auf einen Machtkampf einzulassen als Antwort auf M.'s Versuche, sie Fehler überführen und sie entmachten zu wollen; die Angst vor dem Bloßgestelltwerden als Parallele zu M.'s eigenen diesbezüglichen Ängsten; und schließlich die Neigung, sie links liegen zu lassen als Folge von M.'s Bemühen, stets eine zentrale Rolle zu spielen, aber auch als Folge der immer wieder erlebten Frustration im Umgang mit ihr.

Das Wahrnehmen dieser Gegenübertragungsreaktionen führte in Verbindung mit den Beobachtungen von M.'s Verhalten und Abwehr und Austauschmechanismen zu folgender diagnostischer Schlußfolgerung: Es handelt sich bei M. um eine frühe Störung, nämlich um eine narzißtisch gestörte Persönlichkeit mit der dieser eigenen Tendenz zum Schwanken zwischen Größenphantasien und Minderwertigkeitsgefühlen, zum Abspalten von Aggression, zum Verleugnen, Projizieren, Rationalisieren und der Angst vor Nähe.

Das Erkennen dieser Störung erleichterte auf Seiten der Kursleiter zwar die innere Akzeptanz und das Verstehen von M., nicht jedoch den äußeren Umgang mit ihr. Eine klärende Auseinandersetzung scheiterte immer wieder an M.'s Abwehr, die jedwede Konfrontation mit Verleugnung und Projektion zurückwies. Bei den Kursleitern und auch bei einigen Teilnehmern breitete sich in bezug auf die Hoffnung, die von M. ausgehende Störung aufheben zu können, Resignation aus, auch die Tendenz, ausschließlich sie für die Stagnation in der Begegnung verantwortlich zu machen. Da sich M. jedoch nie direkt dem Gruppenfluß in den Weg stellte, konnte dieser weiterfließen, indem die von ihr ausgehende persönliche Irritation sozusagen „abgekapselt" wurde.

Oben haben wir festgestellt, daß eine Störung nicht als Ablenkung vom „Eigentlichen", sondern als Beitrag zu diesem gewertet werden muß. Wenn dem so ist, was bedeutete dann die von M. ausgehende Störung? Worin liegt ihr Beitrag zum Thema, zum Gruppenprozeß? Was sagt sie uns über die Persönlichkeit von M., was über die Schwierigkeiten der beiden Leiter, mit ihr adäquat umzugehen? Wie haben sie sich in der Begegnung mit ihr verhalten und welche Möglichkeiten, außer die von ihnen praktizierten, hätte es gegeben, um die Gefahr dieser Störung zur Entwicklungschance – sowohl für M. selbst, wie für die beiden Leiter, wie für die Gruppe als Ganzes – werden zu lassen?

Zunächst einmal zur ersten Frage, zu der Frage nach M.'s Beitrag zum Thema und zum Gruppenprozeß.

In den ersten Sitzungen dieses Kurses war – wie in allen Gruppen – das zunächst latente Thema die Frage nach der Kompetenz der Leiter. Die u.a. zu Beginn einer Gruppe vorherrschende Idealisierung der Leiter wurde von M. von Anfang an in ihr Gegenteil verkehrt. Sie signalisierte deutlich, wenn auch in sehr sublimer und in ihr selbst anscheinend unbewußter Weise, daß sie deren Kompetenz anzweifle, daß sie sich selbst für die eigentliche Kursleiterin und für sehr viel erfahrener als die beiden Leiter hielt. Indem sie ihre Rivalität zwar einesteils lebte, sie andernteils aber verleugnete, war sie die Protagonistin für die – in dieser Phase des Gruppenprozesses – noch abgewehrte Einstellung der Infragestellung des Leiters und der Konkurrenz mit ihm. Dadurch, daß sie diese Rolle übernahm, entlastete sie nicht nur die Gruppe, sondern sie sicherte sich auch – zunächst ihre Führungsposition. Geltend machte sie diese Position immer wieder, indem sie eine Norm vertrat, die genau entgegengesetzt zu der von den Leitern vertretenen Norm war.

Insofern entsprach die von M. ausgehende Wirkung den oben geschilderten Phänomenen einer Störung, ohne daß sie überhaupt das Wort „Störung" aussprechen mußte: Der gerade ablaufende Prozeß wurde unterbrochen, M. kam ins Zentrum des Gruppengeschehens, das vorgegebene Thema oder die von den Leitern gesetzte Intention wurde infrage gestellt und der gemeinsame Nenner mußte neu gefunden werden.

Die Kollision zwischen den bewußten und unbewußten Bedürfnissen von M. auf der einen Seite mit den von den Leitern am Gruppenprozeß sich orientierenden Lern- und Lehrzielen auf der anderen muß auch als Ausdruck für das Gruppengeschehen als Ganzes gewertet werden: für vorhandene, aber verdrängte, verleugnete und verschobene Gefühle, Einstellungen, Befürchtungen und Wunschvorstellungen. Dadurch, daß M. immer wieder die Gegenseite zum manifesten Geschehen in der Gruppe agierte, vertrat sie das Ganze, das eben dieser Gegenseite bedarf.

Dadurch, daß sie die offene Auseinandersetzung und das Aussprechen von Gefühlen und Einstellungen vermied, vertrat sie zu Beginn der Gruppe die vorherrschende Haltung des Sich-Versteckens bzw. sie agierte auch die in dieser Phase empfundene Angst vor dem, was geschehen könnte, wenn der einzelne sich entblößt oder zum offenen Angriff auf die – gewünschte oder befürchete – Position der Leiter übergeht.

Es war wohl die Protagonistenrolle für die vorherrschenden Phantasien, Ängste und Aggressionen und deren Abwehr, die M. im ersten Viertel des Gruppenprozesses zu einer relativ führenden, von den anderen nicht infragegestellten Position verhalf.

Erst als sich die Gruppennorm gewandelt hatte und andere Einstellungen und Haltungen als in der Anfangsphase, nämlich Vertrauen, Intimität, Autonomie und Interdependenz, vorherrschten, M. aber aufgrund ihrer Persönlichkeitsstruktur bei denselben Abwehr- und Kampfstrategien blieb, geriet sie ins Kreuzfeuer der Kritik und wurde immer mehr zur Außenseiterin. Es war wohl diese – von M. empfundene und dennoch verleugnete – Position, die sie zum vorzeitigen Ausstieg aus dem Kurs und zur Vermeidung einer rechtzeitigen Bearbeitung ihrer Abbruchtendenzen veranlaßte.

Wenden wir uns jetzt der zweiten Frage zu, der Frage danach, was uns die gerade von M. ausgehende Störung über deren Persönlichkeit sagt. Es ist kein Zufall, daß sie in der Anfangsphase der Gruppe zur Vertreterin der in dieser Zeit vorherrschenden bewußten und unbewußten Einstellungen und der entsprechenden Abwehrmechanismen wurde. Die bei ihr vorliegende Frühstörung entsprach der frühen Phase des Gruppenprozesses. Aufgrund ihrer narzißtischen Persönlichkeitsstörung hatte sie Probleme in bezug auf das Anerkennen- und Vertrauenkönnen von ihr „übergeordneten" Leitern.

Sie übertrug die vermutlich seinerzeit erlebte Enttäuschung am Elternbild und agierte ihr – als Reaktion auf diese Enttäuschung – übersteigertes Größenselbst. Die Labilität in ihrem Selbstwert äußerte sich darin, daß sie es ängstlich vermied, Gefühle oder gar Schwachstellen zu zeigen, auch darin, daß sie die Flucht in dem Moment antrat, in dem sie ihre führende Position als verloren anerkennen mußte. Auch scheute sie das offene Austragen von Rivalität, weil dieses ja mit einer möglichen Niederlage verbunden sein könnte – so konnte sie in ihrer Phantasie immer die Überlegene bleiben.

Die permanente Entwertung der Leiter und anderer Kursteilnehmer bei gleichzeitiger Überschätzung ihrer eigenen Rolle und Beliebtheit in der Gruppe diente ebenso zur Stütze ihres schwachen Ichs wie das Suchen nach zu ihr aufblickenden Gefolgsleuten. Eine ähnliche Rolle dürften ihre – ohne Zweifel in hohem Maße vorhandenen – sozialwissenschaftlichen und gruppendynamischen Kenntnisse erfüllen, mit denen sie sich unabhängig und unangreifbar zu machen suchte.

Wenden wir uns jetzt der nächsten Frage zu, der Frage danach, wie die beiden Leiter mit den von M. ausgehenden Schwierigkeiten umgegangen sind. Ein Gruppenmitglied, das die Niederlage der Leiter zur Stütze des eigenen Selbstwertes benötigt, ist eine Herausforderung für jeden Leiter – insbesondere in der Anfangsphase einer Gruppe. In dieser werden die Weichen für seine Wertschätzung und Akzeptanz in der Gruppe gestellt, und in dieser muß er die formale Autorität, die ihm zunächst aufgrund seiner Rolle zugeschrieben wird, mit seiner gelebten Autorität füllen.

Im vorliegenden Fall haben beide Leiter auf die von M. ausgehende Herausforderung reagiert, indem sie sich auf einen Kampf mit ihr eingelassen und ihre Führung behauptet haben. Sie haben versucht, sie zu verstehen und Konsequenzen aus ihren diagnostischen Überlegungen in bezug auf den Umgang mit ihr zu ziehen. M. konnte allerdings auf diese Angebote nicht eingehen, da ihre eigenen Einstellungen, Befürchtungen und Verhaltensweisen für sie nicht bewußtseinsfähig waren. Der sich immer wieder wiederholende und immer wieder scheiternde Versuch der beiden Leiter, sich mit M. auseinanderzusetzen und sie zu konfrontieren, entsprang deren Bemühen, das für sie „Unerledigte" zu erledigen, im Kampf mit ihr der Überlegene zu bleiben bzw. auch deren eigener Allmachtsphantasie, „diese schwierige Nuß doch noch knacken zu können". Es waren wohl korrespondierende narzißtische Persönlichkeitsanteile in der Struktur der beiden Leiter, die ihnen das Akzeptieren der Unaufhebbarkeit dieser Störung erschwerte. Während sich der Gruppenleiter allmählich von M. distanzieren konnte, neigte die Leiterin immer wieder dazu, die Konfrontation mit M. zu suchen bzw. sich ihr gegenüber zu rechtfertigen. Diese Tendenz resultierte aus deren eigener Lebensgeschichte, in der sie wiederholt erlebt hatte, daß sie vor älteren, weiblichen Autoritätspersonen nicht hatte bestehen können.

Auch spürten sowohl die Leiter wie die anderen Gruppenmitglieder zunehmend, daß hinter der zur Schau getragenen Stärke und Selbstsicherheit eine sehr zerbrechliche Persönlichkeitsstruktur steckte, was entsprechende Schonhaltungen auslöste.

Es war wohl das Zusammenwirken all dieser Faktoren, das dazu führte, daß die von Anfang an vorliegende Störung nicht aufgehoben werden konnte. Sie führte immer wieder zu einem Übergewicht in Richtung M., d.h. auf seiten des Ichs eines einzelnen Teilnehmers zu Ungunsten des Es und des Wir. Dennoch konnte die Balance immer wieder hergestellt werden, weil bei allen Beteiligten (auch

bei M. selbst) und bei aller Unterschiedlichkeit in der Wahrneh-
mung und im Umgang mit diesem Phänomen ein heimlicher
Konsens in bezug darauf bestand, die mehr oder weniger latente
Störung nicht zu einer manifesten Krise werden zu lassen.
Welche Möglichkeiten im Umgang mit dieser Störung haben die
Leiter genutzt, welche vertan, welche Fehler haben sie begangen,
wo lagen evtl. auch die Grenzen, diese Störung aufzuheben?
Genutzt haben die Leiter ihre Erkenntnis, daß auftretende Störungen nicht nur das Problem eines einzelnen sind, sondern daß sie
immer auch einen Aspekt des Gesamtgeschehens eines Gruppenprozesses darstellen. Die von M. agierten bzw. abgewehrten Ängste
und Phantasien wurden von ihnen thematisiert bzw. es wurden
Strukturen geschaffen, die deren Bearbeitung erleichtern sollten.
Solche Themen waren z.B.: „Wie fange ich Gruppen an? Was
möchte ich zu Beginn bewirken, was vermeiden?", oder: „Wie
schütze ich mich vor möglichen Verletzungen?" oder: „Welche
Wünsche, welche Befürchtungen habe ich, wenn ich mich leiten
lasse bzw. wenn ich selbst leite?" An Strukturen wurden immer
wieder solche angeboten, die persönliche Begegnung und Feed-back
ermöglichen sollten.
Ferner nutzten die Leiter ihre im Prinzip ähnliche Gegenübertragung auf Martha, um die bei ihr und bei ihnen selbst ablaufenden
Prozesse besser verstehen und einordnen zu können.
Vermutlich ist es darauf zurückzuführen, daß der Kurs insgesamt
von allen Beteiligten (M. hat sich dazu nicht geäußert) als
befriedigend erlebt worden ist.
In dem Bemühen, der Störungsbearbeitung den Vorrang zu geben,
berücksichtigten die Leiter nicht genügend, daß die Wahrnehmung
einer Störung auf Seiten des Leiters nicht gleichzusetzen ist mit der
Wahrnehmung dieser Störung auf seiten dessen, der stört. Wenn ein
Teilnehmer eine Störung agiert, muß er sich dieser nicht zwangsläu-
fig bewußt sein. So wie auch umgekehrt das Verbalisieren einer
konkreten Störung nicht immer tatsächlich auch diese darstellt. Im
übrigen verhinderten die von den Leitern empfundenen Gefühle
von Ärger und von Bedrohtsein zunächst die notwendige Geduld
und das Abwarten- und Aushaltenkönnen.

Am Beispiel dieser speziellen, sich im Beziehungsfeld Ich – Wir ereignenden Störung stellt sich die Frage nach den Möglichkeiten und Grenzen der Störungsbearbeitung in der TZI im allgemeinen. Die TZI will und kann keine Therapie sein, so daß das Störungspostulat eigentlich nur bedeuten kann, daß Störungen vorrangig zu erkennen und zu verstehen sind, nicht aber auch immer vorrangig bearbeitet und schon gar nicht immer aufgehoben werden können. An unserem Fallbeispiel hat sich gezeigt, daß die vorliegende Persönlichkeitsstörung zwar immer wieder die Leiter und auch den Gruppenprozeß beeinträchtigt hat, daß sie jedoch so tiefgehend war, daß sie im Verlauf eines TZI-Kurses nicht aufgehoben werden konnte.

Das Akzeptieren von letztlich nicht mithilfe der TZI zu überwindenden Störungen bedeutet eine Relativierung des Störungspostulats. Konkret heißt dies für den TZI-Gruppenleiter, daß er sich gegebenenfalls damit begnügen muß, bestehende Hindernisse zu erkennen und für sich selbst zu benennen, um sorgsam mit ihnen umgehen bzw. sie sogar umgehen zu können.

### 3. Störung im Beziehungsfeld „Es – Globe"

Die hier beschriebene Störung ist keine der „üblichen" Globestörungen: kein Unwetter, unerträglicher Lärm, aufwühlende Nachricht von der Außenwelt usw. Sie hat mit der uns alle betreffenden Geschichte dieses Jahrhunderts und auch mit deren individuellen Bewältigungsstrategien zu tun. Gleich zu Beginn möchte ich klarstellen, daß die Schilderung der Störung sehr stark von meinem persönlichen Erleben gefärbt ist, andere Teilnehmer in der Gruppe haben als brisanter noch die starke Rivalität in der Gruppe erlebt.

Im September 1981 nahmen 18 Personen an einem TZI-Abschlußworkshop teil. Das Ziel dieses Workshops war, die zu Ende gehende Fortbildung zu reflektieren, die eigene Arbeit mit TZI vorzustellen, sich als „Peers" zu treffen und die gemeinsame Zeit gemeinsam zu gestalten. Die Teilnehmer wurden in einem Brief vor Beginn der Gruppe dazu angeregt, Beispiele aus ihrer TZI-Arbeit im eigenen Tätigkeitsfeld einzubringen. Zu Beginn der ersten Sitzung teilten die beiden Leiter mit, daß alle Anwesenden für die Planung und Durchführung des Workshops zuständig seien. Diese Mitteilung war zunächst für wohl alle Teilnehmer verunsichernd, schürte die latente Rivalität, die potentiell im Abschlußworkshop von Peers immer da sein kann. Vielleicht wurde schon hier der Boden vorbereitet für die späteren Ereignisse.

Die Teilnehmer kamen aus Holland, Belgien, Österreich, der Schweiz und Deutschland; ein Schweizer und eine Deutsche leiteten die Gruppe. Das Durchschnittsalter der Gruppe war Mitte 40. Diese Faktoren spielten im Verlauf der Gruppe eine wesentliche Rolle.

Am ersten Tag teilte eine Teilnehmerin einen von ihr mitgebrachten literarischen Text aus, den sie mit der Gruppe bearbeiten wollte. Da alle zuerst den Text gelesen haben sollten, wurde die Sitzung für den übernächsten Tag geplant. Bei dem Text handelte es sich um den „Ausflug der toten Mädchen" (geschrieben 1943/44) von Anna Seghers. Das Ziel der Sitzung war, die Arbeit mit literarischen Texten nach TZI vorzustellen. Die Vorlage handelte von einer Erzählerin, die den Wirren Nazideutschlands entkommen war und sich in einem kleinen mexikanischen Dorf erholte. Dabei erinnerte sie sich, was sie im Dritten Reich durchgemacht hatte. In der stark autobiographischen Geschichte mischen sich Gegenwart, Traum und Vergangenheit.

Das ursprüngliche Sitzungsthema wurde alsbald von einer Schweizer Teilnehmerin beiseite geschoben, die sagte, sie könne niemals den Deutschen das vergeben, was sie im zweiten Weltkrieg angerichtet hätten. Sofort überschlugen sich die Beiträge, die Sitzung wurde sehr emotional und geriet zunehmend aus der Bahn. Die beiden Leiter waren vollkommen unvorbereitet auf solche heftigen Reaktionen. Jeder Versuch, zum Thema zurückzuführen, scheiterte, so daß die Leiter dem Prozeß schließlich freien Lauf ließen.

Bis hierher kann man viele Merkmale einer vom Leiterverhalten abhängigen Störung erkennen. Die Leiterin hatte die Tragweite des von ihr gewählten Inhalts (das „Es") nicht erkannt, sie hatte auch nicht die Zusammensetzung der Gruppe (das „Wir") in Betracht gezogen. Die Vermutung liegt nahe, daß diese Störung Elemente ihrer eigenen Abwehr zum Thema „Drittes Reich" reflektierte, nämlich die Rationalisierung und die Verschiebung. Sie intellektualisierte den Inhalt des Textes und stellte damit emotionale Distanz her, um ihr Anliegen, Arbeit mit Literatur an einem Beispiel, durchzuführen. Somit versuchte sie, das Anliegen vor den von ihr selbst abgewehrten, brisanten Inhalt zu schieben, das sich aber folgerichtig dennoch seinen Raum nahm: Fortan war das Gruppengeschehen bestimmt durch die mit den historischen Ereignissen aufgebrochenen persönlichen, konfliktreichen Erinnerungen. Provoziert durch den Text, die Gruppenzusammensetzung, das Alter der Teilnehmer konnten die bis dahin praktizierten individuellen Umgangsformen mit diesem Thema nicht mehr aufrechterhalten werden, sie machten einer übermächtigen Betroffenheit Platz: Keiner konnte sich dieser Thematik und diesem Globe entziehen, gleich in welcher Rolle – als Kind der Opfer, als Kind der Täter, als Mitläufer, als Beobachter. Die Gefühle des Schmerzes, der Verzweiflung, der Scham, der Angst, der Hilflosigkeit, der Wut füllten die Sitzungen über zwei Tage, und es war nicht möglich, sich weder an die TZI-Einheit von eineinhalb Stunden noch an ein ausformuliertes Thema zu halten, auch war niemand da, der hätte leiten können. Keiner war sachkundiger, emotional distanzierter als ein anderer. Diese zwei Tage dauernde „Störung" wurde durch das gemeinsame Durchleben und Durchleiden von der Gruppe bewältigt. Die Weltgeschichte hatte sich nicht verändert, aber durch den offenen Austausch darüber war mit jedem Einzelnen etwas geschehen, eine Veränderung vor sich gegangen, die sich nur schwer in Worte fassen läßt: Das gemeinsame Erleben in der Gruppe machte die unfaßbaren Ereignisse im Dritten Reich etwas faßbarer, greifbarer.

Folgende Merkmale kennzeichnen eine Globe-Störung: Alle sind daran beteiligt. Keiner kann die Störung aus der Welt schaffen. Es geht nicht in erster Linie um individuelle Beziehungen, obgleich diese sicherlich eine Rolle spielen. Es geht um die Beziehungen „Ich – Globe", „Wir – Globe" und „Es – Globe". Das heißt, daß der „Globe" zum Thema wird. Selbst wenn die störenden Globefaktoren nicht verändert werden können, kann doch ihre Bewußtmachung und Einbeziehung in den Gruppenprozeß verändernd wirken. Sie müssen angesprochen werden und in der weiteren TZI-Arbeit mitberücksichtigt werden.

Auf eine weniger dramatische Weise geschieht dies, wenn TZI zum Beispiel in Schulen, Institutionen, Betrieben praktiziert wird. Beispielsweise werden sicherlich die besonderen Umstände der Schule (Lehrplan, Zeiteinheiten, Schulordnung usw.) von mit TZI arbeitenden Lehrern automatisch in der Planung einer Stunde mitberücksichtigt. Wenn der Globe sich in den Vordergrund schiebt (sei es bedingt durch ein besonderes Ereignis oder durch den Rahmen, in dem die Gruppe stattfindet), muß ihm besondere Beachtung zuteil werden. Nur dann kann die Balance „Ich – Wir – Es – Globe" immer wieder gewonnen und erhalten werden.

# V. Zur Geschichte unserer Arbeit

## 1. Schlußbemerkung von A

*Zum Verlauf unserer Arbeitsgruppe*

In den ersten Sitzungen verbrauchte sich der Anfangsschwung durch die Standortbestimmungen der einzelnen, durch die Diskussion der möglichen Definitionen von Störungen und durch das Finden einer gemeinsamen Arbeitsrichtung. Die lebhafte Diskussion der von A, B und C gemeinsam erlebten Störung mit einem „Außenfeind" in einer von ihnen geleiteten Gruppe entwickelte in der Arbeitsgruppe zunächst eine zusammenschweißende Dynamik. Wir versuchten, in dieser kleinen, untereinander bekannten Gruppe ohne fixen Leiter auszukommen und wirklich eine Peer-Gruppe zu sein. Bald jedoch kam es auch innerhalb unserer Gruppe zur Ausformung von unausgesprochenen Positionen. Obwohl die Gruppe als Ganzes noch in der Anfangsphase war, konnte das Gruppenmitglied X – aufgrund ihrer langjährigen Vertrautheit mit jedem einzelnen – eine persönliche Krise von sich einbringen. Diese konnte bearbeitet werden. Dabei erfuhr X viel Solidarität, und der Zusammenhalt der Gruppe wurde dadurch verstärkt. Gleichzeitig entwickelte sich die unausgesprochene Norm, daß wir einander vertrauen können. Diese wurde allerdings alsbald infragegestellt, dadurch daß C durch einen außerhalb der Gruppe angesiedelten Konflikt, den sie nicht in der Gruppe besprechen wollte, derart beeinträchtigt war, daß sie innerhalb der Gruppe nicht mehr konstruktiv mitarbeiten konnte. Die übrigen Mitglieder reagierten darauf mit ambivalenten Gefühlen: mit dem Wunsch, dieses Mitglied wieder zu integrieren bzw. – wenn dies nicht möglich erschien – es auszuschließen. Auch weckte der von C geäußerte Mangel an Vertrauen zur Gruppe Enttäuschung, Ärger und

Schuldgefühle. Dadurch, daß C eine Zeitlang an der aktiven Mitarbeit gehindert war – sie war mehrfach an der Teilnahme von Sitzungen gehindert –, konnte die Gruppe das mit ihr verbundene Problem zunächst verleugnen. Gleichzeitig wuchsen die übrigen Gruppenmitglieder, die in dieser Phase sehr konstruktiv miteinander arbeiten konnten, zusammen.

In der nun folgenden Sondierungsphase versuchte die Gruppe zunächst, eine mögliche Gliederung der Arbeit zu erstellen und die Ausarbeitung einzelner Gliederungspunkte in Auftrag zu geben. Dabei stellte sich heraus, daß zunächst einmal Literatur gelesen und zusammengefaßt werden mußte, damit wir überprüfen konnten, was bisher an Theorie zum Störungspostulat geschrieben worden war, und ob wir überhaupt etwas Ergänzendes und Neues dazu beitragen könnten.

Die eigentliche Arbeits- und Schreibphase konnte nun beginnen: In kritischer Auseinandersetzung mit der Literatur wurde deutlich, daß m.E. wichtige Gesichtspunkte von uns dazugegeben werden konnten. Es kam jetzt zur Verteilung der Arbeit nach den persönlichen Schwerpunkten und Vorlieben, die sich in unseren Diskussionen herausgeschält hatten, und zur Ausarbeitung von Kapiteln durch die einzelnen Mitglieder. Die gemeinsame Diskussion und Korrektur der erarbeiteten Beiträge erwies sich – entgegen mancher Befürchtungen – als ein fruchtbares Kapitel in unserer Zusammenarbeit, das uns auch thematisch weiterbrachte. Durch die positive Arbeitsphase war so viel Zusammenhalt entstanden, daß sich die Gruppe jetzt mit dem schon länger am Rande stehenden Mitglied C mehrmals ernsthaft und emotional auseinandersetzen konnte. C fand allmählich in die Gruppenarbeit zurück, ohne daß alle Störungsanteile sichtbar und bearbeitbar wurden.

Die Schlußphase umfaßte die abschließende Redaktion der Beiträge und das Vorhaben, ein Schlußwort zu schreiben. In dieser Phase brachen erneut externe und interne Störungen auf. Die Störung aus dem Umfeld (Kritik von außen an der Tendenz eines Beitrages) platzte unerwartet in die Gruppe, was zunächst zu spontaner Solidarisierung und danach zur kritischen Überprüfung des Sachverhaltes führte.

Es war ursprünglich unsere Absicht, ein gemeinsames Schlußwort zu erstellen, wozu zunächst jeder aus seinem individuellen Erleben des Gruppenprozesses einen Beitrag liefern sollte. Diese Beiträge waren jedoch so persönlich geschrieben und die Schwerpunkte entsprechend der Position und Rolle des einzelnen Gruppenmitgliedes so subjektiv, daß sie sich nicht auf einer abstrakten Ebene hätten vereinheitlichen lassen, ohne daß dabei das „Lebendige", das „Salz in der Suppe" herausgefiltert worden wäre. Deshalb entschied die Gruppe, daß die individuelle Sicht der Geschichte des Arbeitskreises mit den daraus gewonnenen Einsichten und Lernprozessen jedes Mitgliedes – chronologisch und inhaltlich geordnet – nebeneinander zum Schlußwort zusammengefaßt werden sollten. Bei der Korrektur dieser Schlußworte kam es durch die freimütig geäußerte Kritik mehrerer an einem Beitrag zu einer massiven Verstimmung und Störung von Y, die Y dadurch, daß sie diese äußerte und in einem neuen abschließenden Beitrag reflektierte, überwinden konnte. Dadurch konnte erneut ein Zusammengehörigkeitsgefühl entstehen.

Überblicke ich die Phasen unserer Arbeitsgruppe, so fällt mir auf,
– daß sie einen für alle Gruppen typischen Verlauf nahm:
  a) Annäherung
  b) Flucht und Kampf
  c) Konkurrenz und Kooperation
  d) Abschied (Rückblick) und Trennung;
– daß sich zunächst bestimmte Positionen und Rollen einzelnen Mitgliedern vorrangig zuordnen ließen, die jedoch im Laufe des Gruppenprozesses von anderen übernommen und verändert wurden;
– daß in unserer Peer-Gruppe (ohne offiziellen Leiter) die Geschwisterrivalität eine besondere und manchmal auch bedrohliche Dynamik entwickelte;
– daß die Herausbildung der Rollen (Positionen), insbesondere des Führers (Alpha) und des Außenseiters (Omega) für den Zusammenhalt (Kohäsion), die Arbeitsfähigkeit (Lokomotion) und die Hygiene der Gruppe unerläßlich war;

- daß in der Schlußphase sich noch einmal alte Konflikte – in neuen Konstellationen und kürzerer Zeit – wiederholen, so als wäre die Schlußphase einer Gruppe mit der Pubertäts- und Adoleszenzphase eines Jugendlichen vergleichbar, in der auf neuem Niveau die frühkindlichen Konflikte wiederholt und stabileren Lösungen zugeführt werden. Dabei wurden die anfänglich großen Erwartungen und die Fülle der Möglichkeiten reduziert auf die Möglichkeiten der Person und der Gruppe, der Zeit und des Raumes. Es kommt zur Anerkennung der Realität, der eigenen Grenzen, letztlich des Todes.

## 2. Schlußbemerkung von B

Durch die Teilnahme an unserer Arbeitsgruppe, durch das Erleben und Reflektieren der Dynamik und der sich auch in unserer Gruppe ereignenden Störungen habe ich in einem lebendigen, manchmal auch schmerzlichen Lernprozeß folgendes erfahren:

1. *Störungen entstehen,*
   - wenn ein Mitglied die Rolle, die es bisher innehatte und die ihm von den anderen zugeschrieben wurde, nicht mehr übernehmen kann oder übernehmen will;
   - wenn in einer Gruppe von peers die Position der einzelnen unklar und das Thema „Rivalität" tabuisiert ist;
   - wenn die Frustrationstoleranz des einzelnen nicht klar ausgedrückt und damit von den anderen Gruppenmitgliedern nicht (rechtzeitig) wahrgenommen und berücksichtigt 'werden kann;
   - wenn unterschiedliche und nicht ausgesprochene Erwartungen in bezug auf das, was diese Gruppe für den einzelnen leisten soll, im Raum stehen;
   - wenn die Tendenz besteht, das Auftreten von Hindernissen als das Problem eines einzelnen und nicht als ein Geschehen zu begreifen, in das die gesamte Gruppe verstrickt ist und auf das sie – bewußt oder unbewußt – immer reagiert.

2.  In bezug auf die *Hilflosigkeit im Umgang mit Störungen* habe ich
    gelernt, daß diese dann besonders groß ist,
    –  wenn die Ursachen dieser Störungen außerhalb des Gruppen-
       geschehens angesiedelt sind und zunächst nichts mit den
       aktuellen Ereignissen im Hier und Jetzt der Gruppe zu tun
       haben. Dann nämlich ist die Möglichkeit, die Genese dieser
       Störung zu verstehen und entsprechend darauf zu reagieren,
       gering bzw. sie ist nicht gegeben, wenn das gestörte Mitglied
       nicht bereit oder nicht in der Lage ist, darüber zu sprechen;
    –  wenn das Verhalten eines einzelnen die bis dahin geltende
       und unausgesprochene Gruppennorm (in unserem Fall des
       Einander-Vertrauen-Könnens) infrage stellt. Dadurch, daß
       dann der Eindruck entsteht, daß die Gruppe insgesamt in
       ihrer Existenz bedroht ist, entwickeln die übrigen Teilnehmer
       die Tendenz, das störende und als bedrohlich erlebte Mitglied
       auszusondern, wodurch u.U. dieses Mitglied bzw. die von
       ihm ausgehende Störung abgespalten und damit nicht mehr
       in den Gruppenprozeß integrierbar wird;
    –  wenn alle Mitglieder derart betroffen sind, daß niemand
       mehr genügend Abstand hat, um das Geschehen zu verstehen
       und zu reflektieren – eine Gefahr, die in einer leiterlosen
       Gruppe besonders groß ist.
    Dann nämlich gerät die Gruppe nur noch ins Agieren, das
    Analysieren des Prozesses, das Erkennen und Verbalisieren
    des eigentlich oft vor- oder unbewußten Themas, und das
    Setzen von Strukturen, die eine adäquate Problembearbeitung
    ermöglichen würden, ist nicht mehr möglich. Die Gruppe
    zerfällt in lauter einzelne, sich gegenseitig bekämpfende und
    nicht mehr verstehende Einzelpersonen oder in kleine Unter-
    gruppen.

3.  In bezug auf die *Möglichkeit einer gemeinsamen Weiterarbeit* – trotz
    einer u.U. nicht aufhebbaren Störung – habe ich erfahren, daß
    diese dann gegeben ist,
    –  wenn die gegenseitige Achtung und Zuneigung verbindend
       genug ist, um das Trennende – wenigstens in bezug auf das

gemeinsame Anliegen – zu überbrücken;

- wenn ein von allen getragenes, gemeinsames Engagement für die die Gruppe konstituierende „dritte Sache", letztlich also ein gemeinsames Thema, vorhanden ist;
- wenn alle Gruppenmitglieder die Bereitschaft aufbringen, sich solange miteinander auseinanderzusetzen, bis sie sich wieder – zumindest zu gemeinsamer Arbeit – zusammensetzen können.

### 3. Schlußbemerkung von C

Ich erlebte im Laufe unseres Gruppenprozesses an vier Stationen Schwierigkeiten.

1. Aus Gründen, die mit der Gruppe nichts zu tun haben, nahm ich am 5. und 6. Treffen nicht teil. X deutete meine Abwesenheit als Rückzug. Während der 6. Sitzung rief mich A an. Er drückte den Ärger der Gruppe aus und fragte, ob ich noch weiter mitmachen wolle. Diese Frage stand für mich bis dahin nicht an.

Ich konnte mit der Beanstandung meines Fehlens schlecht umgehen und erst später wurde mir klar, wie ich mich über diesen Anruf geärgert habe. Bislang hatten eingegangene Verpflichtungen und Absprachen immer die höchste Priorität für mich. Aufgrund meiner persönlichen Geschichte war ich nicht in der Lage, wenn irgendetwas sehr Wichtiges dazwischenkam, neu zu entscheiden. Obwohl ich seit einiger Zeit nicht mehr damit zufrieden bin, fällt es mir noch schwer, eindeutige Entscheidungen zu treffen.

Besonders A und B, die mit mir zusammen die Gruppe ins Leben gerufen hatten, vertraten die eine Seite meiner Ambivalenz, während ich für die andere kämpfte. Da für X diese Arbeitsgruppe die Erfüllung eines Wunsches war, versuchte sie, die auseinanderstrebenden Kräfte zu integrieren.

2. Im Zusammenhang mit einer persönlichen Krise war ich um diese Zeit fast arbeitsunfähig. Bei einem späteren Treffen erklärte ich deshalb, aufhören zu wollen, weil ich wenig zu unserer gemeinsamen Arbeit beitragen konnte. Bis dahin hatten fast alle schriftliche Beiträge geliefert, während ich mich dazu nicht in der Lage sah. Das war mir sehr unangenehm. Ich sagte der Gruppe, daß ich über meine persönliche Krise nicht sprechen möchte, weil dies für mich nicht der geeignete Platz wäre, und daß mir dazu auch das Vertrauen fehlen würde. Die anderen bemühten sich um mich und zeigten mir, daß meine Mitarbeit auch ohne schriftlichen Beitrag erwünscht sei. Ich blieb tatsächlich in dieser Gruppe, obwohl es mir schwerfiel, die Befreiung von dieser Verpflichtung anzunehmen.

Ich vermute, manches wäre anders gelaufen, wenn ich nur gesagt hätte, daß ich in der Gruppe über meine Schwierigkeiten nicht reden möchte. Die zweite, angehängte Begründung, daß mir dazu *auch* das Vertrauen fehle, hat verletzt, die Zusammenarbeit und die Klärung sehr erschwert. Weshalb diese Aussage? Heute glaube ich, daß sie Ausdruck meiner Wut war, mit der ich auf das Telefonat reagierte. Zu diesem Zeitpunkt war mir das noch nicht bewußt.
Auch hier war ich ambivalent. Irgendwie habe ich wohl die Vorstellung gehabt, daß es sich gehört hätte, mich mit meiner Krise ebenso wie X einzubringen. Bei intensiver „Werbung" wäre ich womöglich ins Schleudern gekommen. Dagegen habe ich mich mit meiner Aggression abgesichert.
Die Gruppe hatte durch das Arbeiten an den schriftlichen Beiträgen Identität gewonnen. Kritikfähigkeit in Geben und Nehmen wurden unter Beweis gestellt und als fruchtbar und bereichernd empfunden. An dieser Arbeit war ich entschieden weniger beteiligt. Ich habe mich dadurch den kritischen Auseinandersetzungen nicht gestellt. Diese mußten daher auf einem anderen Feld, nämlich meinem Wegbleiben und meinem Verhalten, ausgetragen werden.

3. Nach weiteren Arbeitstreffen – bei denen ich zweimal nicht anwesend war, weil Termine genommen wurden, die für mich von Anfang an nicht möglich waren – fand eine Zusammenkunft statt, auf der unsere Störung Thema war.

Als mein weiteres Wegbleiben moniert wurde, reagierte ich überempfindlich und verteidigte mich häufig. Ich hatte den Eindruck, daß fast ausschließlich nach meinem Anteil gefragt wurde. Am Ende lockerte sich die Situation. Wir beschlossen, daß jeder die Geschichte aus seiner Sicht beschreiben sollte. Ich war zuversichtlich, daß es ab jetzt gut weitergehen könnte.

4. Beim nächsten Treffen schilderten alle ihre Sichtweisen. Als ich meine Eindrücke erzählte, geriet ich wieder ins Kreuzfeuer. Besonders meine Ansicht, ich hätte gegen Gruppennormen verstoßen, löste heftige Gegenreaktionen aus. Der Konflikt verdichtete sich vor allem zwischen A, B und mir. X erlebte ich wie gelähmt. Y und Z unternahmen aus einer etwas größeren Distanz Klärungsversuche, indem sie andere Blickwinkel angeboten haben.

Völlig überrascht, daß „es schon wieder losgeht", war ich drauf und dran zu gehen, um nicht länger zu stören. Schmerzlich vermißte ich einen Leiter, der nicht so verwoben ist und eine Vorstellung hat, wie Klärung herbeigeführt werden kann, ähnlich wie Y und Z es tun, aber energischer.
Auch das ist eine mir sehr vertraute Situation. Als Kind habe ich mich öfter nach Hilfe und Unterstützung gesehnt. Ich bekam sie nicht, mit der Begründung, daß ich sie nicht brauche und es allein machen könne.
Gegen Ende entspannte sich die Situation wieder. Unser gemeinsames Interesse am Thema ließ uns die Lösung entwickeln, daß jeder aus seiner Sicht den bisher abgelaufenen Prozeß aufschreiben sollte.

Das nächste Mal arbeiten wir an den vorliegenden Beiträgen weiter. Ich fühle mich integriert, finde die Arbeit interessant und aufschluß-reich. Ich habe das Gefühl, dazuzugehören. Aus meiner Sicht ist die Störung ausgestanden.

*Was ist mir aus dieser Situation deutlich geworden?*

Weil das Störungspostulat nichts darüber aussagt, wie „Vorrang geben" aussieht, beschäftigte mich besonders die Frage, was in unserem Prozeß dazu führte, daß wir von unserer Störung nicht mehr beeinträchtigt und wieder arbeitsfähig wurden. Lassen sich daraus Anhaltspunkte ableiten, an die ich mich als Gruppenleiter im Umgang mit Störungen orientieren kann, als Gruppenmitglied natürlich ebenfalls?

Ein Wendepunkt war zunächst die Entscheidung, unsere Störungs-geschichte zu thematisieren und sie für unseren Lernprozeß nutzbar zu machen. Die Vorstellung, daß diese unangenehme Geschichte, mit der ich viele Schuldgefühle und auch Ärger verband, ein Beitrag zum Ganzen werden könnte, erleichterte mich.

Der Vorschlag, so vorzugehen, daß jeder seinen Anteil reflektiert, brachte ebenfalls Entlastung, auch wenn sich das zunächst schwer realisieren ließ und wir immer wieder ins Agieren zurückfielen. Meine Rivalität und meine Schuldgefühle machten es mir schwer, Argumente als Hilfe statt als Machtkampf und Schuldzuweisung zu erleben. Umgekehrt wurden meine Beiträge mehrmals als Vorwurf verstanden. Das Akzeptieren der unterschiedlichen Blickwinkel und die Erkenntnis, daß sich diese ergänzen und nicht bekämpft werden müssen, wirkte befreiend und wurde aus meiner Sicht zum Ende der Störung.

## 4. Schlußbemerkung von X

Für mich war die Teilnahme an der „Störungsgruppe" die Erfüllung eines Wunsches: regelmäßiges Zusammentreffen und -arbeiten mit meinen nächsten Freunden. Das Interesse an der Thematik war wohl da, es rangierte aber zu Beginn deutlich hinter den emotionalen Bedürfnissen und Vorstellungen. Die damit verbundene Erwartung nach wachsendem gegenseitigen Vertrauen und nach Intimität schien sich nach relativ kurzer Zeit schon dadurch zu erfüllen, daß ich mich mit meiner eigenen Krise – gekennzeichnet durch Gefühle von Insuffizienz, Inkompetenz und Angst – der Gruppe stellte und ich mich von dieser voll angenommen fühlen konnte.

Die Schattenseite dieser so ideal erscheinenden Entwicklung für mich war, daß ich der anschließenden Krise eines anderen Gruppenmitgliedes C – ganz besonders hilflos gegenüberstand: Meine Enttäuschung darüber, daß C nicht das Vertrauen zu dieser Gruppe hatte und sich mit ihrer Störung, die Ursachen außerhalb der Gruppe hatte, nicht einbringen wollte, brachte mein gerade errichtetes heiles Bild ins Wanken und hatte zur Folge, daß ich meinen Ärger darüber hinter überzogener Beunruhigung und Sorge versteckte. Ich allein hatte zusätzlich das Vertrauen von C und fühlte mich dadurch in eine besonders mißliche Lage gebracht. Ich war unfähig, weder zur Entlastung in der Gruppe beizutragen noch hilfreich für C zu sein, sondern trug zu deren Außenseiterposition bei, indem ich mich ganz der übrigen Gruppe zugehörig fühlte, die jetzt erfolgreich arbeiten konnte. Das Vertrauen und damit die Offenheit der Gruppe zeigten sich in der konstruktiven Kritik untereinander, so daß die schriftlichen Arbeiten produktiv miteinander gestaltet werden konnten. An diesem Prozeß konnte C nicht teilhaben, sowohl durch das Fehlen eigener Beiträge als auch durch die vorübergehende Unfähigkeit, sich konstruktiv auf die Arbeiten der anderen einlassen zu können. Die Peers ihrerseits übersahen die Versuche von C, aus ihrer Position wieder herauszukommen. Die durch die kreative Arbeit zugedeckte Störung trat erst wieder in Erscheinung, als wir Teilnehmer uns der Aufgabe gegenüber sahen, diese Arbeit abzuschließen. Wie stark wegen dieses Zieles die emotionalen Spannungen unterdrückt worden waren, zeigte sich u.a. darin, daß nach einer scheinbaren Klärung und wiederhergestellten Arbeitsfähigkeit die nächste Sitzung erneut ganz von der nicht bewältigten Störung bestimmt war, Aggressivität und Hilflosigkeit sich die Waage hielten.

Wenn die Ursache der Krise, die zur Omegaposition von C geführt hatte, auch in einem Konflikt außerhalb der Gruppe lag, so haben sich die Folgen innerhalb der Gruppe so ausgewirkt, daß sie zur Beeinträchtigung der Abschlußarbeit führten, d.h. zur Gruppenstörung wurden. Eine Ursache ist in der Tatsache zu sehen, daß jeder einzelne durch die geleistete und öffentlich gemachte schriftliche Arbeit eine Ich-Stärkung erfahren hatte, wodurch das Defizit des an der Mitarbeit gehinderten Mitgliedes C noch verstärkt wurde, was dem Kämpfen und Rivalisieren untereinander seine besonderen Stempel aufdrückte.

Frühzeitig galt in dieser Gruppe die unausgesprochene Norm – besonders von mir am Anfang initiiert –, daß die Geschwister voller Vertrauen ohne die Eltern einen guten Weg miteinander gehen und gut zusammen arbeiten können. Daß es aber nicht möglich zu sein scheint, die Phase des Kampfes und des Rivalisierens unter den Geschwistern – auch wenn sie sich lange und gut kennen – zu überspringen, sondern daß erst das Durchleben und Durchleiden dieser Phase die gemeinsame vertrauensvolle Arbeit ermöglicht, hat der Verlauf dieser Gruppe wieder einmal erneut bestätigt.


### 5. Schlußbemerkung von Y

Ich denke an die verschiedenen Störungen, die unsere Arbeitsgruppe bewegt haben, nicht zuletzt an die um mein erstes Schlußwort. Ich fühlte mich angegriffen, nicht verstanden usw., während andere sicherlich meinten, sie setzen sich kritisch mit meinem Beitrag auseinander. Nach unserer Sitzung ging ich nach Hause und wurde von allen möglichen Emotionen gebeutelt, deren Heftigkeit keinesfalls zu dem Vorgang paßten. Ich kämpfte, ohne es überhaupt zu merken, mit unsichtbaren Drachen aus meiner eigenen Vergangenheit, fühlte mich schlecht, brach innerlich den Kontakt zu den anderen ab, durchlief, wie ich im nachhinein sehen kann, mir bekannte Verhaltensmuster und emotionale Zustände. Während ich, sagen wir mal, „aktiviert" war, konnte ich nur handeln, jedoch nicht erkennen. Um mich aus der Situation herauszuziehen, habe ich ca. zwei Wochen lang täglich meine verschiedenen Zustände niedergeschrieben, überlegt, und so Bewegung in meine rigide Sichtweise gebracht. Es war sehr anstrengend, aber ich wußte, die Arbeit lohnt sich, auch um den Aspekt des tieferen Verständnisses eines Störungsvorgangs.

Was sehe ich aus „heutiger" Sicht, das sich verallgemeinern ließe? Meine eigentliche „Störung" fing an mit der Schwierigkeit, die Ebene der eher sachlichen Arbeit zu verlassen und emotionales Geschehen zu besprechen, was in der Zwischenzeit notwendig geworden war. Aber ich selber merkte diese Störung gar nicht, ein wesentliches Merkmal vieler Störungen, wie mir scheint. Ich schrieb etwas, ohne die mir übliche Sorgfalt, war (und dies ist der zweite wichtige Punkt) in meiner Phantasie begeistert von meinen Ideen und Gedanken. Also klafften Phantasie und Realität an dieser Stelle auseinander.

Die Besprechung meines Beitrages geschah unter Zeitdruck, war ebenso wenig sorgfältig wie der Beitrag selbst. Nach langem Überlegen konnte ich den Störungshergang rekonstruieren, mich emotional etwas davon distanzieren, um darüber nachzudenken, alles ganz bekannte Störungsbewältigungsstrategien. Als Fazit bleibt für mich die Komplexität dieser Störung, von der ich nur meine Beteiligung beschrieben habe.

Ich gehe davon aus, daß wir uns in unserer Gruppe viel Wohlwollen entgegenbringen, und dennoch konnte es zu verschiedenen Zeitpunkten zu ernsthaften „Störungen" kommen. Wieviel brisanter ist die Situation relativ unbekannter Teilnehmer einer TZI-Gruppe, wieviel Störungspotential gibt es da. Das Wohlwollen und der Bekanntheitsgrad untereinander ermöglichte mir zumindest das Eintauchen in eine für mich tiefe Störungsebene, das ich mir in einer Fünftagesgruppe nicht erlauben würde, es sei denn – wie in meinem Beispiel der „Globestörung" – der Sog ist sehr groß. Selbst in der damaligen Gruppe habe ich mich dafür entschieden, wenn auch nicht bewußt, mich „stören" zu lassen, in anderen Worten, die Chance zu ergreifen, etwas Wichtiges zu lernen. Das ist in meinen Augen die große Chance, die „Störungen" enthalten: etwas für sich

nachhaltig zu klären. Da dies nicht immer möglich ist, brauchen wir
vielfältige Umgangsformen mit Störungen.

## 6. Schlußbemerkung von Z

Als wir uns vor zwei Jahren zur „Arbeitsgruppe Störungspostulat"
zusammenfanden, war es unser Ziel, die vielfältigen Bezugspunkte
und -ebenen von Gruppenstörungen aufzuspüren. Unseren Intentio-
nen folgend, entfaltete sich uns die Vielschichtigkeit des von R.
Cohn so einfach formulierten Postulats. Im Vorausgegangenen
haben wir versucht, dessen Bezüge zum Wir, zum Globe, zur
phasenspezifisch individuellen Konfliktsituation usw. aufzuzeigen.
Wir spürten in der Arbeitsgruppe alsbald, daß der uns gestellten
Aufgabe nicht allein durch didaktisch-wissenschaftliche Darstellung
beizukommen sei. Auch wollten wir den im Störungspostulat
immanent vorhandenen Tendenzen zu Schematisierung und Polarisierung innerhalb der Gruppe entgegenwirken.
Dadurch, daß wir unser Projekt in Form von Gruppenarbeit
durchführten, sind die üblicherweise zu erwartenden Gruppenphä-
nomene auch bei uns aufgetreten. Wir versuchten deshalb, diese
Krisensituationen besonders zu beachten in dem Bemühen, gleich-
sam am lebenden Gruppenobjekt unsere theoretischen Überlegungen zu hinterfragen und gegebenenfalls neu zu formulieren.
Die Inhalte der bei uns aufgetretenen Störungen wurden schon
beschrieben. Ich will deshalb versuchen, meine eigenen Reaktionen
mit den von uns anfangs erarbeiteten Ergebnissen zum Störungspostulat in Kontext zu bringen.
Eine wichtige Erfahrung war für mich das Wachsen von Vertrauen
und Verständnis für die Lebenssituation aller Gruppenmitglieder,
nicht nur der „Störenden", das durch die gemeinsame Gruppe und
durch Krisen, gelöst oder ungelöst, entstanden war.
Ein weiteres wesentliches Element, die Störungsproblematik auf
einer tieferen Ebene zu verstehen, war für mich ein m.E. bis jetzt zu
wenig beachtetes dynamisches Phänomen jeder Störung: die Erfahrung einer Störung als Ereignis. Es handelt sich hierbei um einen

Moment hoher Aktualisierung und Ausdruckskraft, in dem u.a. durch leidvolle Reinszenierung die Geschichte des Störenden im Hier und Jetzt hervorbricht. Es entsteht so ein Augenblick des kreativen Chaos, der die Chance zur Bahnung des Neuen und größten Möglichkeitsgewinns für alle Beteiligten in sich birgt, auch wenn Heilung oder konkrete Lösungsmöglichkeiten zunächst nicht möglich scheinen. Der Störende empfindet auf einer sehr tiefen Bewußtseinsebene, daß dies der Augenblick sei, das Unbekannte und neu zu Erfahrende in seinem Konflikt zum Ereignis werden zu lassen. Im Bewußtsein des damit verbundenen Risikos bringt er sein Problem auch als Opfer und Geschenk dar, in gleicher Weise auf Solidarität und Anteilnahme hoffend wie um Wegnahme seines Verdrängungsanteils fürchtend. An dieser Stelle erschien mir auch die Position der übrigen Gruppenteilnehmer während einer Gruppenstörung in neuem Licht. Es wurde mir klar, in welchem Maße das nahende Störungsereignis auch meine eigene Konfliktgeschichte zu aktualisieren vermochte: Verantwortungsgefühl im Umgang mit der eigenen Aggressivität, Realitätsbewußtsein, meine Fähigkeit zu Empathie und Wahrhaftigkeit, Selbstbewußtsein im Setzen von Grenzen, Fähigkeit zur Aufgabe von Machtpositionen, kurz, das Repertoire meiner Erfahrungen mit mir selbst wurde durch die Konfrontation mit dem Störungsereignis hinterfragt.

Angesichts des Ereignishaften der Störung mußte sich auch unser Gruppengefüge verändern, und zwar so, daß die vorher bestehenden Rollenpositionen aufgegeben wurden oder zumindest klarer zum Vorschein kamen. Auch wir übrigen Gruppenmitglieder gingen das Risiko ein, uns dem Störungsereignis schutzlos zu stellen, denn unsere eigene Geschichte floß in den Ablauf mit ein, wir wurden Mitbeteiligte. Das gemeinsam getragene Wagnis, daß etwas geschah ohne den Gebrauch analysierenden Zergliederns, schaffte Solidarität zwischen Störendem und Gruppe.

Erst unsere Wahrnehmung der immer mehr in den Vordergrund rückenden Funktion unserer Arbeitsgruppe als soziales System machte Klärungen der Störungen möglich. Die Gruppe wurde so wieder arbeitsfähig. Die Position des Außenseiters und Gruppengegners hatte sich letztlich als wesentliche Stütze des gesamten

Prozesses erwiesen, denn die Gruppenziele wurden gerade durch die Macht der Verunsicherung in ihrer Wertigkeit hinterfragt und gestärkt. Mir wurde klar, daß wir anfangs im Begriff gewesen waren, den Erlebnisanteil unserer Arbeit zu verleugnen. Wir hatten ja gemeinsam nicht nur intellektuell ein Thema abgehandelt, sondern waren selbst zu handelnden Teilnehmern von Erlebnisprozessen geworden.

Nicht das, was erlebt worden war, wurde wichtig, sondern wie wir damit umgingen. Ich meine, es offenbart sich in diesen Zusammenhängen auch eine bei allen psychischen Reifungsvorgängen feststellbare innere Widersprüchlichkeit: Wir hängen wohl einerseits an den Marionettendrähten unserer Konfliktgeschichte, und doch ist es uns andererseits in jedem Moment neu gegeben, „einmalig zu sein, in dem, was wir tun und wie wir es tun" (A. Drees).

Zusammengefaßt: Kreatives Umgehen mit dem Störungspostulat erfordert neben der Kenntis der Ursachen und der Dynamik von Störungen die Fähigkeit zum persönlichen Miterleben der Krise. Vermittelnd hierbei kann die Wahrnehmung des Ereignisanteils einer Störung sein. Jede Störung hat ihre eigene Geschichte und fordert von uns das „Eintauchen" in diese Geschichte mit dem Ziel, Teil einer gemeinsamen Geschichte zu werden.

Diese Zeilen wurden geschrieben am Vorabend einer möglichen Eskalation der Golfkrise zu Destruktionen bisher ungekannten Ausmaßes unter den Völkern. Wieder müssen wir mit Schmerz und Trauer erkennen, wie unsere Entwürfe um menschenwürdiges Zusammenleben durch eine einzige Globestörung in die Gefahr geraten, erneut in Barbarei zu versinken. Trotz der Fragwürdigkeit und täglichen Gefährdung unserer Existenz bleibt uns doch nur die Wahl, unsere Bemühungen immer wieder neu aufzunehmen.

# Bibliographie

| | |
|---|---|
| Argelander, H. | Das Erstinterview in der Psychotherapie. Darmstadt: Wissenschaftl. Buchgesellschaft, 1983 |
| Argelander, H. | Gruppenprozesse. Reinbek bei Hamburg: Rowohlt,1972 |
| Bernstein, S. / L. Lowy | Untersuchungen zur sozialen Gruppenarbeit. Freiburg: Lambertus, 1969 |
| Blanck, G. u. R. | Angewandte Ich-Psychologie. Stuttgart: Klett-Cotta, 1985 |
| Brecht, B. | Lob der 3. Sache. In: Gesammelte Werke, Band 2. Suhrkamp: Frankfurt a. M., 1967, 878 |
| Buber, M. | Ich und Du. Heidelberg: Schneider, 1983 |
| Cohn, R. / A. Farau | Gelebte Geschichte der Psychotherapie. Stuttgart: Klett-Cotta, 1984 |
| Cohn, R. / A. Ockel | Das Konzept des Widerstandes in der TZI. In: „Lebendig Lernen", Euro-Info, 1984 |
| Cohn, R. | Von der Psychoanalyse zur Themenzentrierten Interaktion. Stuttgart: Klett-Cotta, 1975 |
| Drees, A. | Prismatische Psychotherapie. In Ethik und Aesthetik. Tübinger Beiträge z. Philosophie und Gesellschaftskritik, 1990 |
| Freud, A. | Das Ich und die Abwehrmechanismen. München: Kindler, 1982 |
| Heigl-Evers, A. | Konzepte der analytischen Gruppentherapie. Göttingen: Vandenhoeck & Ruprecht, 1976 |
| Kernberg, O. | Borderline-Störungen und pathologischer Narzißmus. Frankfurt a. M.: Suhrkamp, 1980 |
| Kohut, H. | Narzißmus. Frankfurt a. M.: Suhrkamp, 1974 |
| Langmaack, B. | Themenzentrierte Interaktion. Einführende Texte rund ums Dreieck. Weinheim: Psychologie Verlags-Union, 1991 |
| Lebovici, S. / M. Soulé | Die Persönlichkeit des Kindes. München: Kindler, 1982 |

Mahler, M.    Die psychische Geburt des Menschen: Symbiose und Individuation. Frankfurt a.m.: Fischer, 1982

Mahler, M.    Symbiose und Individuation, Bd. 1. In Psychosen im frühen Kindesalter. Stuttgart: Klett-Cotta,1972

Mahr, A.    Die Störungsprioritätsregel in TZI-Gruppen. Göttingen: Vandenhoeck & Ruprecht, 1979

Mentzos, S.    Neurotische Konfliktverarbeitung. Frankfurt a.m.: Fischer, 1984

Preuss, H.    Analytische Gruppenpsychotherapie - Grundlagen und Praxis. München: Reinbek bei Hamburg: Rowohlt, 1966

Racker, H.    Übertragung und Gegenübertragung, 3. Auflage. München: Reinhardt, 1988

Raguse, H.    „Was ist Themenzentrierte Interaktion?" In: Hahn, K. et al (Hrsg.), Gruppenarbeit: themenzentriert. Mainz: Matthias-Grünewald, 1987

Revensdorf, D.    Psychotherapeutische Verfahren: Humanistische Therapien, Bd. III. Stuttgart: Kohlhammer, 1983

Riemann, F.    Grundformen der Angst. München: Ernst Reinhardt, 1989

Schindler, R.    Dynamische Prozesse in der Gruppenpsychotherapie. In: Gruppenpsychotherapie und Gruppendynamik, Band 2. Göttingen: Vandenhoeck und Ruprecht, 1968, S. 9 ff.

Schindler, R.    Grundprinzipien der Psychodynamik in der Gruppe. In: Psyche, II. Stuttgart: Klett-Cotta, 1957/58, S. 308 ff.

Schindler, R.    Personalisation der Gruppe. In: Personalisation, In: Edelweiß, Tanco-Duque, Schindler (Hrsg.). Freiburg: 1964, S. 67 - 78

Seghers, A.    Der Ausflug der toten Mädchen. Darmstadt: Luchterhand, 1979

# Die Autorinnen und Autoren

**Jörg Hecker,** Dr.med. Frauenarzt in eigener Praxis, Psychotherapie. Mitglied in American College of Obstetrics and Gyn. (ACOG); Dt. Gesellschaft f. Psychosomatik in der Geburtshilfe und Gyn. (DG-PGG); International Soc. of Psychosomatic OB-Gyn.

**Wendy Hecker,** M.A., Dipl. Psych. Klinische Psychologin, Gestalttherapeutin in eigener Praxis. Zugelassene Einzeltherapeutin d. Instituts f. integrative Gestalttherapie Würzburg (IGW). Grad. TZI. Mitglied in Bund Dt. Psychologen (BDP); Dt. Verein für Gestalttherapie (DVG); WILL International.

**Janny Wolf-Hollander,** Sozialpädagogin (Schwerpunkt Erwachsenenbildung). Lehrsupervisorin an verschiedenen Fortbildungsstätten für Supervision. Grad. TZI.

**Angelika Rubner,** Dr.phil., Dipl. Psych. Klinische Psychologin, Psychoanalytikerin in eigener Praxis, Lehranalytikerin des Salzburger Arbeitskreises für Psychoanalyse. Mitglied der Österreichischen Studiengesellschaft für Kinderpsychoanalyse. Grad. TZI.

**Eike Rubner,** Dr.phil. Theologe, Klinischer Psychologe und Psychoanalytiker in freier Praxis, Lehranalytiker des Salzburger Arbeitskreises für Psychoanalyse. Vorsitzender der Österreichischen Studiengesellschaft für Kinderpsychoanalyse. Grad. TZI

**Charlotte Ruckdeschel,** Dr.med. Psychoanalytikerin in eigener Praxis. Mitglied im DAGG und im AÄGP; Mitglied und Lehranalytikerin im Ärztlichen Weiterbildungskreis München. Gründungsmitglied von WILL. Grad. TZI.

Das Lehren und Lernen der Themenzentrierten Interaktion (TZI) vollzieht sich in autorisierter Form in WILL-Organisationen. WILL steht für Werkstattinstitut für Lebendiges Lernen (in der ursprünglichen englischen Fassung Workshop Institutes for Living Learning).

Zur Zeit gibt es 14 regionale WILL-Organisationen in den Ländern: Belgien, Deutschland, England, Frankreich, Israel, Italien, Luxemburg, Niederlande, Österreich, Polen, Schweiz, USA.

Organisatorisch haben sie sich zusammengeschlossen in WILL-INTERNATIO-NAL.

WILL bietet an:

1. Ausbildung im Gruppenleiten mit Themenzentrierter Interaktion für Teilnehmer mit und ohne Grundberufe
2. Fortbildung in berufsspezifischem Gruppenleiten auf der Basis von Grundberufen
3. Kurse zur Erweiterung des Studienbereichs durch Kennenlernen anderer Gruppenmodelle und verschiedener Randgebiete
4. Themenzentrierte Interaktionelle Kurse für Interessenten ohne Ausbildungsabsichten zum TZI-Gruppenleiten
5. Projekt- und Studiengruppen.

Informationen sind anzufordern bei regionalen WILL-Organisationen oder bei der Geschäftsstelle c/o. Thomas Becher, Zinnhagweg 8, CH-4144 Arlesheim/ Schweiz.

The teaching and learning of Theme-centered Interaction (TCI) takes place in authorized WILL-Organizations. WILL means Workshop Institutes for Living Learning.

At the moment there are 14 regional WILL-Organizations in the following countries: Belgium, Germany, England, France, Israel, Italy, Luxemburg, The Netherlands, Austria, Poland, Switzerland, USA.

In terms of organization they have combined to form WILL-INTERNATIONAL.

WILL offers:

1. instruction, for participants with and without professions, in leading groups with theme-centered interaction
2. further training in leading professionally-oriented groups
3. courses designed to widen one's field of study by offering different methods of group leadership and introducing participants to areas related indirectly to TCI
4. theme-centered workshops for anyone who is interested in TCI
5. project- and study-groups.

For information write to the regional WILL-Organizations or to the office: c/o. Thomas Becher, Zinnhagweg 8, CH-4144 Arlesheim.

# Themenzentrierte Interaktion
# Theme-centered Interaction
## bei Grünewald

### Reihe: Aspekte Themenzentrierter Interaktion

**Erfahrungen lebendigen Lernens**
**Grundlagen und Arbeitsfelder der TZI**
Mit Beiträgen von I. Amann, R. Birmelin, R. Cohn, D. Funke, M.
Kroeger, B. Langmaack, P. Matzdorf, E. Miescher, A. Ockel, B. v.
Plotho, G. Quast, H. Reiser, K.-H. Wrage
2. Auflage 1990. ISBN 3-7867-1207-7

**Gruppenarbeit: themenzentriert**
**Entwicklungsgeschichte, Kritik und Methodenreflexion**
Mit Beiträgen von H. Aschaffenburg, E. v. Godin, P. Matzdorf, J.
Mayer-Scheu, E. Olszowi, H. Raguse, H. Reiser, K. Schütz, A.
Schultze, D. Stollberg
1987. ISBN 3-7867-1292-1

**Helga Belz (Hg.)**
**Auf dem Weg zur arbeitsfähigen Gruppe**
**Kooperationskonzept von H. Belz – Prozeßberichte aus TZI-**
**Gruppen**
Mit Beiträgen von H. Belz, Chr. Dehm, M. Eichberger, E. Roch
2. Auflage 1992. ISBN 3-7867-1349-9

**„Beachte die Körpersignale ..."**
**Körpererfahrung in der Gruppenarbeit**
Mit Beiträgen von I. Amann, R. Cohn, M.E. Frickel, H. Hausmann,
R.P. Höfle, A. Hofmann, M. Kroeger, K. Schütz, J. Tillmann, C.
Wagner, H. Wolter
1991. 3-7867-1530-0

# Zeitschrift: Themenzentrierte Interaktion

Jede Nummer hat einen Umfang von ca. 96 Seiten.
Einzelheft: DM 12,– / Jahresabonnement DM 20,– jeweils zuzüglich
Zustellgebühr
Erscheinungsweise: halbjährlich

Die Zeitschrift „Themenzentrierte Interaktion", herausgegeben von
WILL-INTERNATIONAL, möchte ein Forum der kritisch prüfenden
und weiterführenden Reflexion sein, Anregungen zum konkreten
Handeln geben und darüber hinaus den Austausch mit anderen
gruppenpädagogischen und -therapeutischen Ansätzen suchen.
Theoretische und allgemeine Beiträge, Aufgelesenes, Beiträge aus
der Praxis, Buchbesprechungen, Diskussion, Mitteilungen von und
für WILL-INTERNATIONAL, Bibliografie zur TZI – die Rubriken
verdeutlichen die inhaltliche Vielfalt. Sie macht die Zeitschrift auch
für diejenigen interessant und lesbar, die z.b. als Lehrer, Sozialpäda-
gogen oder Therapeuten von den verschiedensten pädagogischen
und therapeutischen Auffassungen her an TZI interessiert sind,
ohne selbst „Insider" oder Mitglied einer WILL-Organisation zu
sein.

**Redaktion:**
Elisabeth Bauer, Norbert Korte, Monika Lichtensteiger-Ita, Renate
Mann, Marga Müller-Mehring, Uwe Sielert, Hajo Stabenau (ge-
schäftsführend).

**Redaktionsbeirat:**
Daniel Boyarin (Israel), Elisabeth von Godin, Matthias Kroeger,
Barbara Langmaack, Paul Matzdorf, Anita Ockel, Barbara Pokorny
(England), Heik Portele, Claus Stahl, Konrad Thomas.